大学生创新创业思维与方法研究

周宛竞　雷玉华　魏琼蕊　著

中国商业出版社

图书在版编目（CIP）数据

大学生创新创业思维与方法研究 / 周宛竞，雷玉华，魏琼蕊著. -- 北京 : 中国商业出版社，2025. 7.
ISBN 978-7-5208-3542-8

Ⅰ. G647.38

中国国家版本馆 CIP 数据核字第 20252LA251 号

责任编辑：滕 耘

中国商业出版社出版发行

（www.zgsycb.com 100053 北京广安门内报国寺1号）

总编室：010-63180647 编辑室：010-83118925

发行部：010-83120835/8286

新华书店经销

昌昊伟业（天津）文化传媒有限公司印刷

*

787毫米×1092毫米 16开 11.75印张 210千字

2025年7月第1版 2025年7月第1次印刷

定价：50.00元

* * * *

（如有印装质量问题可更换）

前　言

在全球新一轮科技革命和产业变革加速演进的今天，创新已成为引领发展的第一动力，而青年则是创新创业的生力军。大学生作为青年群体中知识储备相对丰富、思维活跃度较高的群体，其创新创业能力的强弱不仅关系到个人的成长成才，更关乎国家的发展活力与民族的复兴前景。在此背景下，深入研究大学生创新创业思维与方法，具有重要的理论价值与现实意义。

近年来，我国高度重视大学生创新创业工作，相继出台了一系列政策措施，从资金支持、平台搭建到教育改革，全方位为大学生创新创业保驾护航。但创新创业并非仅凭一腔热血就能成功，它是思维与方法的有机结合。思维是创新创业的灵魂，决定了方向与高度；方法是创新创业的骨架，支撑着实践与落地。当前，不少大学生在创新创业过程中，要么陷入"思维固化"的困境，习惯于按部就班，缺乏突破常规的勇气与能力；要么虽有创新想法，却因缺乏有效的实施方法，难以将想法转化为实际成果。此外，随着社会分工的日益细化和市场竞争的日趋激烈，单一的创新思维或孤立的创业方法已难以应对复杂的现实挑战，亟须构建一套兼具系统性与实践性的思维体系和方法框架。

本书正是基于这样的时代背景与现实需求，聚焦大学生创新创业思维与方法这一核心议题。全书共分八章，从创新创业概论，创新思维概述，创新的方法，大学生创业者、创业团队与创业调研方案，大学生创业能力的培养，大学生创业风险防范与危机管理，大学生创业商业模式设计与商业计划书，"互联网 +"背景下的大学生创业研究等多个维度，探讨了大学生在创新创业过程中需要培养的思维与方法，为大学生在学习和实践中提供可借鉴的知识与指导。

本书由郑州财经学院周宛竞、雷玉华、魏琼蕊共同撰写，并负责全书的统稿和审稿工作。其中，周宛竞负责撰写第一章至第三章的内容（约6.7万字），雷玉华负责撰写第四章至第五章的内容（约7.3万字），魏琼蕊负责撰写第六章至第八章的内容（约7万字）。

期望通过本书的研究，能够为高校创新创业教育提供理论支撑与实践指导，帮助大学生打破思维定式，掌握科学方法，提升创新创业的成功率。同时，也希望能够丰富创新创业领域的研究成果，为推动我国创新创业生态体系的完善贡献一份力量。

作者

2025年5月

目 录

第一章 创新创业概论 …………………………………………………… **1**
第一节 创新概述 …………………………………………………… 1
第二节 创业概述 …………………………………………………… 13
第三节 创新与创业的关联性分析 ………………………………… 20

第二章 创新思维概述 …………………………………………………… **23**
第一节 创新思维的含义与特征 …………………………………… 23
第二节 创新思维的作用与分类 …………………………………… 27
第三节 创新思维的训练 …………………………………………… 32

第三章 创新的方法 …………………………………………………… **37**
第一节 头脑风暴法 ………………………………………………… 37
第二节 综摄法 ……………………………………………………… 43
第三节 形态分析法 ………………………………………………… 45
第四节 信息交合法 ………………………………………………… 46
第五节 5W2H 法 …………………………………………………… 47
第六节 奥斯本检核表法 …………………………………………… 49
第七节 TRIZ——发明问题解决理论 ……………………………… 53

第四章 大学生创业者、创业团队与创业调研方案 ………………… **58**
第一节 大学生创业者概述 ………………………………………… 58
第二节 大学生创业者的品质、素质和能力 ……………………… 65
第三节 大学生创业团队 …………………………………………… 84

第四节 创业调研方案的设计 …… 94

第五章 大学生创业能力的培养 …… 102

第一节 大学生创业意识 …… 102

第二节 大学生创业精神 …… 112

第三节 大学生创业思维 …… 114

第四节 大学生创业能力 …… 117

第六章 大学生创业风险防范与危机管理 …… 121

第一节 创业风险概述 …… 121

第二节 大学生创业风险的识别 …… 124

第三节 大学生创业各阶段风险与其防范 …… 126

第四节 大学生创业危机管理 …… 138

第七章 大学生创业商业模式设计与商业计划书 …… 147

第一节 大学生创业商业模式设计 …… 147

第二节 大学生创业商业计划书 …… 156

第八章 “互联网 +”背景下的大学生创业研究 …… 168

第一节 “互联网 +”背景下的大学生创业方向 …… 168

第二节 “互联网 +”背景下的大学生创业模式 …… 174

参考文献 …… 182

第一章　创新创业概论

第一节　创新概述

一、创新的含义

创新是指以提出有别于常规或常人思路的见解为导向，利用现有的知识和物质，在特定的环境中，本着理想化需要或为满足社会需求，而改进或创造新的事物、方法、元素、路径、环境等，并能获得一定有益效果的行为。

可以说，创新是以新思维、新发明和新描述为特征的一种概念化过程。在拉丁语中，“创新”一词共有 3 层含义：更新、创造新的东西和改变。换句话讲，并不是说只有重大的发明创造才是创新，实际上，对各种产品、工作方法、商业模式、服务模式的改进等都属于创新。

创新在经济、商业、技术等领域中有着举足轻重的地位，是社会经济发展的基本动力。人们对创新概念的理解和研究，也主要是从技术与经济相结合的角度来探讨技术创新在经济发展过程中的作用。

在相关理论研究中，最主要的代表人物是现代创新理论的提出者、经济学家约瑟夫·熊彼特。约瑟夫·熊彼特认为，所谓创新就是要“建立一种新的生产函数”，要把一种从来没有的、关于生产要素或生产条件的“新组合”引进生产体系中去，以实现新的生产能力。

总之，创新是人类特有的认识能力和实践能力，是人类主观能动性的高级表现，是推动民族进步和社会发展的不竭动力。一个国家要想走在时代前列，就不能没有创新思维，也不能停止创新活动。

二、创新的 6 种情况

约瑟夫·熊彼特的现代创新理论认为，创新包含 5 层意义：①创新作为一种人类行为，其主体是企业家；②创新是一种市场行为；③创新的关键是对生产要素进行重新组合；④能否为企业带来超额利润是检验创新是否成功的新标准；⑤创新是一种过程。

此外，约瑟夫·熊彼特还进一步明确指出了创新的 6 种情况。

（一）产品创新

产品创新就是研究开发和生产出能更好地满足人们需要的产品，使其性能更好，外观更美，使用更便捷、更安全，成本费用更低，更符合环境保护的要求。产品创新可在以下 3 个层面实现：一是开发出具有新功能的产品，二是产品结构方面的改进，三是外观方面的改进。

（二）技术创新

技术创新是指采用新的生产方法或新的原料生产产品，以达到保证质量、降低成本、保护环境或使生产过程更加安全和省力的效果。技术创新可在以下 4 个层面上实现：一是工艺路线的革新，二是材料替代和重组，三是工艺装备的革新，四是操作方法的革新。

（三）制度创新

制度是组织运行方式的原则规定。企业制度主要包括产权制度、经营制度和管理制度 3 个方面的内容。

产权制度、经营制度、管理制度这三者之间的关系是错综复杂的（实践中相邻的两种制度之间的划分甚至很难界定）。一般来说，一定的产权制度决定了相应的经营制度。但是，在产权制度不变的情况下，企业具体的经营方式可以不断进行调整。同样，在经营制度不变时，具体的管理规则和方法也可以不断改进。而当管理制度的改进发展到一定程度时，则会要求经营制度作出相应的调整。经营制度的不断调整，则必然会引起产权制度的革新。因此，反过来说，管理制度的变化会反作用于经营制度，经营制度的变化会反作用于产权制度。

制度创新是从社会经济角度来进行企业系统中各成员间正式关系的调整和变革。制度创新的方向是不断调整和优化企业所有者、经营者、劳动者三者之间的关系，使各个方面的权力和利益得到充分的体现，使组织中各种成员的作用得到充分的发挥。

（四）职能创新

职能创新就是在计划、组织、控制、协调等管理职能方面采用新的更有效的方法和手段。职能创新主要包括以下5个方面的内容。

（1）工作计划的创新。许多企业在规划工作时运用运筹学取得了显著成效。例如，某企业在购电和用电方面采用目标规划，使企业每年节约电费2000万元以上。

（2）控制方式的创新。例如，丰田公司首创准时生产制（JIT），显著降低了成本。

（3）用人方面的创新。例如，应用测评法选拔和考核企业干部与员工，采用拓展训练等方法改善培训效果。

（4）激励方式的创新。例如，某企业实行“自助餐式”奖励制度，使同样的支出获得了更好的激励效果。

（5）协调方式的创新。例如，某市试行科技特派员制度，通过调查了解村镇和农业大户需要哪些技术支持，同时将全市3500名农业科学技术人员按专长分类公布，然后将两者对接起来，实行双向选择，使得农户的收入和农业技术人员的收入都大幅增加。

（五）结构创新

结构创新是指设计和应用新的更有效率的组织结构。结构创新按其影响的领域可分为以下两类。

（1）技术结构的创新。例如，20世纪20年代，福特公司首创流水线生产方式，让工人依次完成简单工序，提高了生产效率，从而开创了大规模生产标准产品的工业经济时代。

（2）经济与社会结构的创新。通过调整人们的责、权、利关系以提高组织效能。例如，20世纪20年代，美国通用汽车公司采用事业部制解决了统一领导与分散经营的矛盾，使规模经营与适应市场的要求得到了统一，从而极大地增强了竞争力。

（六）环境创新

就企业来说，环境创新的主要内容是市场创新。市场创新主要是指通过企业的活动去引导消费，创造需求。而新产品的开发往往被认为是企业创造需求的主要途径。其实，市场创新更多是通过企业的营销活动来进行的，即在产品的材料、结构、性能不变的前提下，或通过市场的地理转移，或改进交易和支付方式及通过揭示产品新的物理使用价值，来寻找新用户。除此之外，也可以通过广告宣传等促销工作，来赋予产品一定的心理使用价值，影响人们对某种消费行为的社会评价，从而诱发和强化消费者的购买动机，增加产品的销售量。

三、创新的特性

创新具有以下几个方面的特性。

（一）目的性

任何创新活动都有一定的目的，这个目的贯穿于创新过程的始终。具体来说，创新总是为了解决某一问题，或是围绕着解决某一问题来进行的，它总是与完成某个任务相互联系。所以，创新是一种有目的的认识世界和改造世界的实践活动。

（二）变革性

创新是对已有事物的改革和革新，是一种深刻的变革。“穷则变，变则通，通则久。”当遇到难以解决的问题时，应采取“变”的方式，如改变思考的角度、方式、方法等，变了，问题就能解决，即“通”了。由“变”到“通”的过程就是创新的过程。不求上进，安于现状，不积极变革，就没有创新。

（三）新颖性

创新是对现有的不合理事物的再造，即革除过时的内容，确立新事物。因此创新的成果必须是新颖的，跟过去相比具有新因素。只有“新”，才具备优势，才能够战胜旧的事物。原有事物的内容和形式正是因为增加了新因素而得以更新、发展和突破。“求新”是创新的灵魂，没有“求新”的变革，就称不上创新。

（四）超前性

创新往往具有超前性，这种超前是从实际出发、实事求是的超前。

（五）价值性

从创新成果的效果来看，创新有明显、具体的价值，对社会具有一定的社会效益和经济效益。创新是各种社会事物进步和发展的不竭动力。它能够满足人们的某些需要，促进企业获得成功，使国家经济活力得到增强，社会取得进步。如果没有价值，创新就会失去意义。创新成果的价值可分为社会价值、经济价值和学术价值。

（六）先进性

创新成果与旧事物相比较而言具有一定的先进性。一般来说，创新优于已有的事物，这是人们能否愿意采纳创新成果的关键点。例如，创新产品的先进性主要体现在结构更合理、功能更齐全、效率更高等。又如，创新的管理方法相对优势主要表现在提高企业利润，降低成本，调动员工的积极性，提高管理效率等。如果不具备先进性，新事物就不可能替代旧事物，创新就失去了意义。此外，创新的先进性还体现在代表事物的发展规律和趋势上。

（七）发展性

创新是一个不断发展的过程，是不断创造新知识、应用新知识并且不断发展新知识的一个过程。知识是创新之源，通过知识创新能推动科技创新、文化创新、管理创新及其他方面的创新。反过来说，创新又能使知识不断更新，从而使创新的源泉永不干涸。对知识的创造—应用—再创造—再应用，循环往复，周而复始，以至无穷，并且每一次创造和应用循环后，都会进入一个更高级的阶段。这就是人类创新永无止境、无限发展的客观规律。

（八）再创造

再创造就是对原有事物、现有知识和已有创新成果的再次发现和重新组合。创新既包括让知识达到一个新的深度和广度，又包括修正错误和更新知识；既包括从研究新情况、新问题中获得新的知识和新的成果，又包括从研究旧的情况、旧的问题中获得新的知识和新的成果。

（九）层次性

根据人们解决问题的新颖和独特程度，可把创新划分为以下 3 个层次。

一是高级创新，主要是指经过长期研究、艰巨探索所产生的科学发现，它是一项从无到有、填补空白的创新活动。因此，这一层次的创新可以为国家、社会和人类作出巨大的贡献，甚至成为某一领域划时代的创举，如爱因斯坦的“相对论”。

二是中级创新，主要是指经过革新或发明，在原有知识和经验的基础上重新组合材料，能研制出具有一定社会价值的产品的技术创新。这一层次的创新已成为促进社会、科学和生产力发展的巨大力量。

三是初级创新，主要是指在别人率先创新的基础上，通过引进技术和购买专利等方式，消化、吸收以后再进行创新。这是一种以跟踪当前国际先进水平并加以模仿为主的创新思路。以跟踪和模仿为主的创新思路也是工业后进国家缩短跟发达国家差距的捷径，是实现跨越式发展，尽快步入自主创新的必由之路。

四、创新的类型

创新虽然有大小、层次之分，但没有领域、范围之限。从不同角度可以将创新划分为不同的类型。例如，根据创新的性质可将创新划分为 3 种类型：原始创新、跟随创新和集成创新。

找到一种原来没有的产品、生产方法、市场、原材料、组织结构等，都属于原始创新。原始创新一旦成功，一般会取得超额利润。面对超额利润，必然有人进行跟随创新。跟随创新多了，又必然产生集成创新。通过不断创新，推动社会经济的发展。

（一）原始创新

原始创新主要是指重大科学发现、技术发明、原理性主导技术等原始性创新活动。原始创新成果应具备 3 大特征。

1. 首创性

首创性主要是指研究开发成果是前所未有的。只有具备首创性的创新才有可能发展成为核心竞争优势。首创性的最高层次是文化和科技的首创性。文化的首创性最终沉淀为经典，科技的首创性最终转化为标准和法规。

2. 突破性

突破性主要是指在原理、技术、方法等某个或多个方面实现重大变革。创新是基于前人成果，又打破前人成果的思维。对前人经过多年实践考验的成果，必须学习和继承。而对未成定论的、新兴的、边缘的学科或产业领域，则应该积极开展原始创新活动。

3. 带动性

原始创新在对科技发展起到重大牵引作用的同时，也给经济结构和产业形态带来了重大变革。例如，晶体管、集成电路、半导体、存储器、互联网和移动通信等原始创新成果的出现，对于解放生产力起到了重要推动作用，为提高人们生产和生活质量提供了必要的物质基础。

（二）跟随创新

跟随创新主要是指在已有的成熟技术的基础上，沿着已明确的技术道路进行技术创新，包括使技术更加完善、开发出新功能等。例如，微软公司最初就是在学习网景浏览器的基础上，进行跟随创新，从而获得了发展。人们将微软的前期发展形容为“等竞争对手出现，马上复制，然后赶超”。从理论上来说，新技术所具有的独特用途都是可以复制的。因此，巨大的研发投资，即领先创新不一定会带来长期的优势。

（三）集成创新

集成创新主要是指利用各种信息技术、管理技术和工具等，对各个创新要素和创新内容进行选择、集成和优化，从而形成优势互补、有机整合的动态创新过程。例如，苹果、华为等品牌的智能手机就是集成创新的典范，一部智能手机几乎能代替所有电子产品，集通信、游戏、购物、娱乐、办公于一体。

五、创新意识与创新能力

（一）创新意识

所谓创新意识，是人们对创新与创新的价值性、重要性的一种认识水平、认识程度以及对创新的态度，并用这种态度来规范和调整自己的活动方向的一种稳定的精神态势。创新意识代表着一定社会主体奋斗的明确目标和价值导向，成为一定主体产生创新需要、价值追求、思维定式以及理性自觉的推动力量，成为唤醒、激励和发挥人类所蕴含的潜在本质力量的重要精神力量。

1. 创新意识的构成

创新意识是人类意识活动中的一种积极的、富有成果性的表现形式，是人类进行创新活动的出发点和内在动力，是产生创新思维和创造力的前提。创新意识包括创新动机、创新兴趣、创新情感和创新意志。

（1）创新动机，是创新活动的动力因素，它能推动和激励人们发动和维持进行创新性活动。

（2）创新兴趣，能促进创新活动的成功，是促使人们积极探索新奇事物的一种心理倾向。

（3）创新情感，是引起、推进乃至完成创新的心理因素，只有具有正确的创新情感才能使创新成功。

（4）创新意志，是在创新的过程中克服困难、冲破阻碍的心理因素，它具有目的性、坚韧性和自制性等特点。

2. 创新意识的作用

（1）创新意识是决定一个国家和民族创新能力最直接的精神力量。创新能力实际就是一个国家和民族发展能力的代名词，是一个国家和民族解决生存、发展问题能力大小的最客观与最重要的标志。

（2）创新意识促成社会多种因素的变化，推动社会的全面进步。创新意识起源于社会生产方式，它的形成和发展必然进一步推动社会生产方式的进步，从而带动经济的飞速发展，促进上层建筑的进步；创新意识会推动人们的思想解放，有利于人们形成开拓意识、领先意识等先进观念；创新意识会促进社会政治向更加民主、宽容的方向发展。上述变化是创新发展需要的基本社会条件，这些条件反过来又促进创新意识的扩展，更有利于创新活动的进行。

（3）创新意识促成人才素质结构的变化，提升人的本质力量。创新实质上确定了一种新的人才标准，它代表着人才素质变化的性质和方向。它输出一种重要的信息：社会需要充满生机和活力的人、有开拓精神的人、有新思想道德素质和现代科学文化素质的人。它在客观上引导人们朝这个目标提高自身的素质，使人的本质力量在更高的层次上得以确证。此外，它还进一步激发人的主体性、能动性、创造性，从而使人自身的内涵获得极大丰富和扩展。

3. 创新意识的特征

（1）新颖性。创新意识就是求新意识，是为了满足新的社会需求，或是用新的方式更好地满足原来的社会需求。

（2）社会历史性。创新意识普遍以提高人们的物质生活和精神生活水平为出发点，但它在很大程度上又受到具体的社会历史条件的制约。在阶级社会里，创新意识受到阶级性和道德观念的制约。人们的创新意识激起的创造活动和产生的创造成果，必须为人类进步和社会发展服务，创新意识必须考虑社会效果。

（3）个体差异性。人们的创新意识和他们的社会地位、文化素质、兴趣爱好、情感志趣等相对应，它们对创新起重大推进作用。而这些方面，每个人都有所不同，因此对于创新意识既要考察社会背景，又要考察个体的文化素养和志趣动机。

（二）创新能力

创新能力是人们除旧布新和创造新事物的能力，包括发现问题、分析问题、发现矛盾、提出假设、论证假设、解决问题以及在解决问题的过程中进一步发现新问题，从而不断推动事物发展变化。

进一步而言，创新能力是技术和在各种实践活动领域中不断提供具有经济价值、社会价值、生态价值的新思想、新理论、新方法和新发明的能力。

1. 创新能力的渊源

在我国上千年的教育发展史中，闪烁着不少简单而朴素的创新能力培养的思想方法。例如，两千多年前，老子就在《道德经》中提出“天下万物生于有，有生于无”的创新思想；孔子提出“因材施教”及“不愤不启，不悱不发，举一隅不以三隅反，则不复也”的创新思想。

1919 年，我国著名教育家陶行知先生第一次把“创造”引入教育领域。他在《第一流教育家》一文中提出：要培养具有“创造精神”和“开辟精神”的人才，培养学生的创新能力对国家富强和民族兴亡有着重要意义。创新是一个民族进步的灵魂，是一个国家兴旺发达的不竭动力。创新的关键在人才，人才的成长靠教育。我国将大学生创新能力的培养作为教育改革的重要目标，在教育界引发了一场针对创新能力的内涵、创新能力培养的影响因素以及方式方法的大讨论。

2. 培养个人创新能力的重要性

创新能力是民族进步的灵魂、经济竞争的核心。当今社会的竞争，与其说是人才的竞争，不如说是人的创造力的竞争。如果这个世界没有创新能力，便不会有今日人类的文明，人类可能还过着钻木取火的原始生活；如果爱因斯坦、爱迪生等人没有创新能力，他们就不可能取得如此巨大的成就；如果一个人不具备创新能力，可以说就是一个庸才；如果一个民族没有了创新人才，那么它便会沦为一个落后的民族。

对于大学生来说，培养创新能力的重要性有以下几点。

（1）随着现代科学技术的发展，人的创造性才是真正的文明财富。知识激增，需要新一代去掌握；科技革命，需要新一代去革新创造；振兴中华，需要新一代去开拓前进。

（2）培养大学生的创新能力，是由未来社会生产的特点所决定的。

（3）培养大学生的创新能力，对于我国未来的发展具有重大意义。

（4）培养大学生的创新能力可以有效开发其智力潜能。

3. 企业创新能力的表现形态

提起企业创新，人们往往会联想到技术创新和产品创新，其实企业创新的形态远不止这些。一般来说，企业创新主要有发展战略创新、产品（服务）创新、技术创新、组织与制度创新、管理创新、营销创新、文化创新等。

（1）发展战略创新。发展战略创新是对原有的发展战略进行变革，是为了制定出更高水平的发展战略。实现企业发展战略创新，就要制定新的经营内容、新的经营手段、新的人事框架、新的管理体制、新的经营策略等。企业普遍面临发展战略创新的任务。例如，当前有些企业经营策略明显过时；有些企业经营范围明显过宽；有些企业经营战线明显过长；还有些企业经营内容与自身特长严重脱节。此类企业如果不进行发展战略创新，其发展前景必然堪忧。

再如，企业需要解决靠什么存活下去的问题。单纯依靠垄断地位、依靠行政保护、依靠资金实力、依靠现有技术等，都非长久之计。为了从根本上改善经营状况，企业必须不断进行发展战略创新。

（2）产品（服务）创新。对于生产企业来说，就是产品创新；对于服务行业而言，主要是服务手段的创新。例如，手机在很短的时间内，就从模拟机发展到数字机，再从数字机发展到可视数字机，最后是智能手机。手机的更新换代，生动地说明了产品的创新是多么迅速。

（3）技术创新。技术创新是企业发展的源泉、竞争的根本。就企业而言，技术创新不仅是应用自主创新的技术，还可以是应用合法取得的、他方开发的新技术或已进入公有领域的技术，从而创造市场优势。例如，沃尔玛于 1980 年就在全球率先试用条形码，即通用产品码技术，这一创举使其收银员计算商品价格的效率提高了 50%，并极大地降低了经营成本。

（4）组织与制度创新。组织与制度创新主要有以下 3 种。

①以组织结构为重点的变革和创新，如重新划分或合并部门、组织流程改造、改变岗位及岗位职责、调整管理幅度等。

②以人为重点的变革和创新，即改变员工的观念和态度，包括知识的更新、态度的转变、个人行为乃至整个群体行为的变革等。例如，通用电气董事长兼首席执行官（CEO）杰克·韦尔奇在上任之初就曾采取一系列措施，来促进通用电气这家老企业重新焕发创新动力。其中一个部门主管工作很得力，所在部门连续几年盈利，但韦尔奇认为他原本可以干得更好。这位主管不理解，韦尔奇建议其休假一个月，放下一切，等再回来时，他将会变得像刚接下这个职位一样，对工作充满新的想法。休假之后，这位主管果然调整了心态，像换了个人似的，对本部门工作又有了新的思路和对策。

③以任务和技术为重点的创新，即对任务重新组合分配，并通过更新设备、技术创新等达到组织创新的目的。

（5）管理创新。世上没有一成不变的、最好的管理方法。管理方法往往因环境情况和被管理者的改变而改变，这种改变在一定程度上就是管理创新。例如，英特尔公司前 CEO 安迪·葛洛夫在公司内部实行产出导向管理，主要内容包括：产出不限于工程师和工人，也适用于行政人员及管理人员；工作人员不只对上司负责，也对同事负责；打破障碍，培养主管与员工的亲密关系等。

（6）营销创新。营销创新是指营销策略、渠道、方法、广告促销策划等方面的创新。

（7）文化创新。文化创新是指企业文化的创新。企业文化的与时俱进和适时创新，能使企业文化一直处于一种动态的发展过程。这样不仅可以维系企业的发展，还可以给企业带来新的历史使命和时代意义。

4. 影响企业创新能力提升的因素

（1）企业文化。企业文化是影响企业创新与变革的重要内部因素。企业文化是将企业凝聚起来的“胶水”，这种凝聚效应体现在企业的各个方面，任何为了提高企业创新能力的举措都应该有相应的企业文化转型计划的支持。

最有助于创新的企业文化应该是这样的：是一种更加外向型而非封闭型的文化，是一种更加灵活、适应变化而非一味求稳的文化，是一种扁平化而非等级化管理的文化。

企业文化中应强调持续学习和不断适应。在支持和鼓励创新时，企业文化想要起到关键作用，就必须着力将文化的作用和影响渗透至企业战略的各个层面，如员工、政策、企业行为、激励机制、企业语言和系统架构等。

管理咨询公司 Hay 集团曾通过抽样调查，发现了全球领先的创新型企业应具备以下特征：愿景、气氛、有天赋的员工、训练有素的经理、良好的培养创新的环境、耐心、对失败的包容、对研发的投资以及利于创新的组织结构、流程和系统。这些特征意味着在这些企业里，员工的目标和期望界定得很明确，希望能够做到最好，同时被给予一定权力及新的创意易于被接受。最能促进创新的企业文化往往强调团队协作、以客户为中心、公平对待员工等理念。

（2）领导者的风格。一个企业的领导者在推动创新方面起着至关重要的作用，而其中领导者的风格又直接决定企业创新能力的高低。因为领导者的风格往往塑造了企业的组织文化和气氛。那些卓有成效的领导者往往会提供创新的方向，建立有利于创新的组织文化和气氛，鼓励员工拥有高度的主动性，推行有效的多功能团队的协作和融合，以确保创新事物在公司中的推广和充分运用。

领导者的风格可以分为 6 种类型，分别是强制型、权威型、亲和型、民主型、领跑型和辅导型。Hay 集团的莫雷 · 达西尔博士认为，最具创新能力的领导风格通常为权威型、亲和型和辅导型。这 3 种类型的领导风格往往能够提供明晰的方向、培养团队的和谐关系以及关注个人的长期发展，因此更有利于企业的创新。莫雷 · 达西尔博士认为：“一线经理很容易通过改变自己来实现结果的改变，但企业的高级经理则需要通过改变领导风格来改变团队的氛围，从而影响团队里的成员。”

（3）员工的学习能力。不断学习的员工构成了企业创新能力的根基。企业最好有一个持续进行的培训项目来鼓励员工，告诉他们拥有创新思维对整个企业的发展前途至关重要。

在这个持续进行的培训项目中，还要应用各种工具，这些工具最好是既能够促进分化又能够促进和谐。这里的分化是指要让不同意见无所保留地表达出来，好的理念能够形成头脑风暴，而和谐是指团队应该有效协作来执行创新理念。建议在已经执行的其他培训项目中加入更宽泛的内容，使员工注重直觉、形象思维和彼此之间的默契。

（4）创新的评估机制。在企业现有的绩效考核过程中，应该将创新纳入评估体系。如果将创新纳入个人和企业的绩效评估体系，就应该有相应的激励机制和奖励体系。而创新是否成功，往往要经过数年的考验才能被衡量。因此，企业应同时具备短期和长期的评估体系。

（5）员工的主动性与合作精神。一个具有创新能力的企业的员工应具有以下特点：富有主人翁精神，能够迅速采取行动，并且员工之间具有良好的团队合作精神。例如，飞利浦电子公司有两条产品生产线，分别是心脏复苏机和家庭医疗保健产品。以前，这两条产品生产线针对的客户一个是医院，另一个是家庭，并没有什么重合之处。后来这两条产品生产线的负责人经常在一起开会研究，对产品进行创新，从而使心脏复苏机也开始走进普通家庭，实现了两条产品生产线的整合效应。

5. 提升创新能力的对策

针对企业而言，提升创新能力主要有以下几点。

（1）推进企业领导者的创新观念。企业领导者要树立知识价值观念，确立“终身学习”理念，不断提高自身的学习能力。具体而言，企业领导者一方面要高度重视自身知识结构的更新，树立知识价值观念；另一方面要顺应企业的变化，不断改进思维方式和工作思路，重视企业的知识价值，并通过有效的激励措施促进企业所拥有的知识价值增值。

（2）建立企业创新的激励机制。

①实行新产品（服务）开发的项目负责制。其核心思路是：落实各类人员在项目开发中的责任和工作分工，同时体现责任大、贡献大、回报大的经济报酬原则。可以采取以技术入股、收入分成等方式调动员工参与创新的积极性。建立科技人才、科技成果的奖励和宣传制度，通过每年奖励和宣传几个重点项目和有突出贡献的人员来推动全员创新。

②推行岗位竞争末位淘汰制。鼓励和提倡在公平环境下的岗位竞争，技术人员和管理人员如果长期不努力，不能成为独当一面的人才，那么企业就要考虑调整其岗位，否则新一代人才也成长不起来。

③推行人才合理流动制。在保证工作安排相对稳定的基础上，产品（服务）开发人员可以带着产品（服务）开发、市场难题参加企业内外的科研开发项目，企业外的科研人员也可以带着科研成果到企业做技术转化工作。建立“人才合理流动制”，可以解决知识、技术、信息交流的障碍，有利于培养创新队伍。

④建立企业知识产权保护制度。知识、技术和信息都是“无形物质”，与材料、设备等“有形物质”有重大差别，其创造、管理、使用和交易过程都极易泄露，对于企业来说，保护知识产权刻不容缓。

（3）构建“鼓励冒险，宽容失败”的创新型企业文化。创新型企业文化表现为两个方面：一方面，在企业内部营造崇尚创新氛围，塑造创新文化，让每一位员工都成为创新的源泉；另一方面，对于创新中遇到的挫折和失败，应采取大度和宽容的态度。培育一种创新文化，是企业员工不断提出科学的新设想、生产的新方案，创造出新知识、新产品，孕育出新观念、新思想的动力。企业必须抛弃传统呆板的管理方式，突破原有的思维方式，拉近员工与领导的距离，采用以支持和协调为主的领导方式。对员工建立在科学基础上的新颖想法，领导要积极支持，使员工在这种文化氛围中具有开阔的视野、丰富的想象力、锐意进取的雄心，使管理方式更为多元化、人性化、柔性化，以激励其主动献身与创新的精神。例如，诺基亚公司之所以人才流失率较低，其经验就是鼓励冒险，宽容失败。诺基亚总裁曾说：“如果我的员工是生活在恐惧之中，那他就不会有创造力。”诺基亚营造了为每一个员工提供发挥创造力，将自己的想法转换为集体行动的环境。

（4）加强员工培训。企业员工的创新能力并不是天生的，在很大程度上取决于后天的学习和训练。因此，企业应重视员工素质提升，加大员工学习培训经费投入，对员工加强创新方面的学习、训练，提升其创新技能，从而提高企业的创新水平和持续发展能力。

第二节　创业概述

一、创业的含义

创业有狭义和广义之分。狭义的创业是指创建新企业。广义的创业是指开创新事业，即在不确定的情况下开发新产品或新业务。

对于“创业”一词，有多种定义。耐克品牌的创始人菲尔·奈特认为，创业是一种成功预测未来的能力；创新理论的鼻祖约瑟夫·熊彼特认为，创业就是实现创新的过程；现代创业教育之父杰弗里·蒂蒙斯认为，创业是一种思考、推理和行为方式，这种方式是与机会驱动、注重方法和领导能力相平衡的，他提出创业的关键要素主要包括创业机会、创业团队和创业资源这三大要素；著名的“全球创业观察”项目将创业概括为“依靠个人、团队或一个现有企业，来建立一个新事业，如自我就业、建立一个新的业务组织或一个现有企业的扩张”。

二、创业的本质

创业不只是创建一个新企业，其本质还在于把握机会，创造性地整合资源。它是一种发现市场需求、寻找市场机会、通过投资经营满足市场需求的活动。而能否有效满足客户需求的最好衡量标准，就是能否为客户创造他们认可的价值。创业者如果不能在30秒内清晰地回答出“客户为什么要购买我的产品?”这一问题，那他很可能就会创业失败。

对于创业者来说，创业的必要条件和充分条件缺一不可。必要条件包括个人的素质、心态和创造一份事业所必备的客观资源；充分条件包括在具备所从事的事业资源的基础上，能否有所突破和创新。通俗而言，就是“别人有的你也有，别人没有的你还有”，从而获取大多数客户的青睐。因此，当两个条件都具备的时候，创业才有机会获得成功。

三、创业的模式

（一）白手起家

白手起家是一种从无到有、从零开始的创业模式。犹如先有了一个鸡蛋，用蛋孵出了鸡，鸡再生蛋，蛋再生鸡，从而逐步扩大规模，完成资产积累的过程。白手起家是最困难的创业方式，因为创业者缺少资金、没有基础，只能艰苦奋斗，一点一滴积累和摸索。

白手起家创业成功的要点在于必须有市场预见性，有良好的信誉和人品，有吃苦耐劳的实干精神。

（二）收购现有企业

收购现有企业的方式分为接手别人转让的企业和收购重组转卖的企业两种。其优点在于，创业之初便具备一定的基础，不用从头开始，节省时间；其缺点是有一定的经营风险。

收购现有企业进行创业的关键在于拥有敏锐的观察力，对被收购企业进行全面的了解，在收购之前要进行细致评估。

（三）代理

代理是一种很常见的创业方式。

代理时要注意甄别品牌商的资质，选择那些产品质量过硬、品牌信誉良好，并具有一定发展潜力的企业。通过代理取得一定的创业成绩之后，还要建立自己的品牌和销售渠道。

（四）加盟（特许经营）

采用加盟（特许经营）方式的创业者不必自己探索开创新事业的渠道，只需要向加盟商（特许经营）支付一定的加盟费（特许经营费），就可以经营一个知名的品牌，并长期得到特许者的业务指导和服务。有资料显示，在相同的经营领域，个人创业成功率明显低于加盟（特许经营）的成功率。

（五）在家创业

在家创业起源于美国 20 世纪 80 年代后期，又称“soho”，即在家独立工作。在家创业的优点有：时间灵活，独立，不受外界干扰，办公环境舒适，同时还可以照顾孩子、打扫卫生等，兼顾工作与生活。其缺点也同样明显：工作比较劳累，需要克服孤独感。

在家创业需要注意以下几点：申请一个独立的电话号码，避免公私不分；与客户见面尽量安排在对方的办公室或租借一个合适的会议室；对自己要严格要求，要有较强的自制能力及自发性。

（六）网络创业

网络创业是一种比较新的创业方式。21 世纪是互联网的天下，互联网创业相比线下创业具有多种优势。采取网络创业需要具备一定的互联网技术基础，如熟悉网络基本操作、能够建设网站、掌握网络营销方法等。

四、大学生创业的意义

当前，我国的就业形势仍然较为严峻，大学生毕业后面临着一定的就业压力。因此，大学生在读或毕业后进行创业活动具有十分重要的意义。

（一）有利于缓解大学生的就业压力

大学生创业有利于解决大学生就业难的问题。创业能力是一个人在创业实践活动中的自我生存、自我发展的能力。一个创业能力很强的大学毕业生不但不会加重社会的就业压力，反而还能通过自主创业活动来增加就业岗位，缓解社会的就业压力。

（二）有利于大学生谋求生存与自我价值实现

大学毕业生通过自主创业，可以把自己的兴趣与职业紧密结合，做自己最感兴趣、最愿意做和自己认为最值得做的事情，在五彩缤纷的社会舞台上大显身手，最大限度地发挥自己的才能。

（三）有利于大学生实现致富梦想

当前，大学生的就业观念正在悄悄地发生改变，一个鼓励创业、保护创业、崇拜创业的大环境正在逐步形成。产业结构调整带来大量创业机会，促使大学生创业活动蓬勃发展。

（四）有利于促进中小企业的快速发展

从现有经验来看，等量资金投资于小企业所创造的就业机会是大企业的 4 倍。因此，鼓励大学生自主创业有利于中小企业的快速发展。

（五）有利于培养大学生艰苦奋斗的作风

创业活动有利于大学生锻炼出坚忍的意志，培养出艰苦奋斗的作风，即使面对困难、挫折甚至失败也永不言弃。

（六）有利于培养大学生的创新精神

创新是一个民族的灵魂，是一个国家兴旺发达的不竭动力。青年大学生作为中国最具有活力的群体，如果失去了创业的冲动和欲望，那么民族和国家将失去发展的希望。大学生的创业活动，有利于培养勇于开拓创新的精神，把就业压力转化为创业动力，培养出越来越多的各行各业的创业者。

五、大学生创业的五大误区

（一）过早地“主导”创业

很多大学生尚未准备好，就过早地“主导”创业，这导致大学生创业的失败率很高。相关研究和实践均表明，先参与创业，再主导创业，对于大学生而言是一个更好的选择。

（二）对市场不够重视

很多大学生将“创业”直接等同于“科技创业”，又将“科技创业”直接等同于“获得专利”。其实，创业成功与否，很大程度上取决于大学生创业者是否“知悉市场”，包括对市场的理解，对用户心理的深刻洞悉，以及对用户利益的了解和尊重。

（三）创业等于上市

创业的目的不只是赚钱，更不是打倒竞争对手。大学生创业者要有远大的理想和广阔的胸怀，共同打造一个积极、正面的创业生态系统。大学生创业者的最大理想应该是创造、完善行业产业链，用技术来造福用户。

（四）创意等于创业

国内很多大学生认为创意就是创业的全部，常常不愿意与投资者分享自己的创意。其实这种想法是错误的。如果让投资者在“创意”和“创业者”之间做选择，大部分投资者都会选择后者。创业的创意固然重要，但投资者更看中创业者的综合素质。

（五）创业等于赢得风投

很多大学生创业者在拿到第一笔投资以后，便开始排斥投资者的共同参与，把他们的意见当成对自己的干涉。其实，投资者除了投钱，还能为涉世未深的大学生创业者介绍人脉、客户、伙伴，帮助大学生创业者了解市场、管理财务，以及吸引下一轮融资等，这些资源的价值远在金钱之上。一个好的投资人的标准不仅在于他是否愿意投钱或者投多少钱，更在于在投钱之后他能否为大学生创业者提供持续的、有价值的帮助。

六、对大学生创业者的建议

多年以前，自主创业的门槛很高，个人创业者若想创业则需面对重重困难，而对于20岁左右的大学生而言，创业更无异于天方夜谭。时至今日，这一状况有了很大的改观，现代社会为大学生创业者提供了很多机会，网络和各种新兴技术降低了创业的门槛，也为每个有创业抱负的人敞开大门。以下7条建议会对大学生创业者有所帮助。

（一）专注于新兴技术创业

当前，科技发展日新月异，新兴技术的应用层出不穷，如果大学生创业者具备一定的技术基础，可以考虑专注于那些利用技术完成的、具备巨大市场潜力的新兴技术创业项目，然后通过科技的力量去吸引投资者，使创业之路走得更轻松。

（二）学习成功的经验

学习其他创业者的经验，或者让有创业经验的人加入团队，以企业的股权作为回报，这样可以弥补某些方面的经验不足。此外，约见客户进行面谈时，还可以找个更可靠、更有经验的人协助业务的达成。

（三）勇敢自信，富有创造力

勇敢自信是创业者在商界立足生存的关键。大学生创业者应认真做好所有创业的准备工作，并始终保持自信。只有勇敢自信，才能走出困境，赢得他人的尊敬。此外，大学生创业者还要富有创造力，能利用非传统方式解决难题。

（四）建立自己的智囊团

大学生在创业过程中需要了解一个重要的技巧，那就是建立自己的智囊团。这个智囊团不必很正式，成员之间也不必相互认识。但在创业者碰到关键性问题时，可以咨询智囊团，寻求解决问题的方案和建议。组建智囊团需要拥有一个巨大的人际关系网，结识那些需要认识的人。

（五）社交媒体至关重要

在创业过程中，社交媒体的作用非常重要。通过社交媒体的帮助，初创企业可以招聘到合适的帮手，吸引优秀的管理人员加入团队，获得有益于企业发展的建议或投资，并且还能以较低的成本接触到很多目标客户。

（六）接纳和推动积极的变革

在当今社会，若想获得成功就必须更加灵活变通，不断打破各种限制，积极进行变革。变革之初，可能会遇到各种阻力，但如果有足够的勇气和定力推行变革，获得成功后会更加受人推崇。

（七）掌握管理的艺术

做事没有条理的人很难成为一个合格的创业者。创业者必须有能力制订短期目标和长期计划，以长期计划为指导，灵活地完成短期目标，并适时进行适当调整。

如果创业者在商业领域的活动中表现出缺乏组织能力和条理性，就会丧失下属的尊敬和投资人的青睐。作为大学生创业者，必须认真制定短期目标和长期计划，并且严格执行计划。此外，在正式会议或会面之前，一定要掌握必要的资料和数据信息。

七、创业应注意的事项

（一）寻找创业模式

在创业之初，创业者首先要根据自身条件挑选合适的创业模式。例如，缺乏经验的创业者可以选择加盟开店，缺乏资金的创业者可以选择在家创业。

（二）确立创业目标

赚取利润是企业经营的主要目标，但不是唯一目标。大学生创业者通常充满激情，创业更应该受到理想的驱动，而非金钱的驱动。追求理想的过程就是满足用户需求的过程，产品或服务受到用户认可，自然会为企业带来利润。

（三）规划创业步骤

创业是一个循环往复的过程。首先，要有一个好的创意；其次，抓住市场机会，寻找投资、组织团队，进行市场营销；最后，一个产品做完了，再开发一个新产品。如此周而复始。

（四）创造创业条件

大学生创业，不一定要有一个重大的科技创新，但产品或服务一定要满足客户需求。不但如此，还要审视自己是否有能力去满足这种需求。

（五）确定创业期限

企业真正走上正轨，至少要花 3 ~ 5 年的时间。在瞬息万变的市场环境中，超过这个时间，创业失败的风险就会逐渐增大。因此，创业者应尽早推出产品或服务。

（六）正确处理与投资人的关系

很多创业者以为，企业 99% 的股份应该归自己，投资人只能占 1%。创业者怀着这种想法是很难获得融资的。通常来说，创业者与投资人最好各占一半股权。以后如果需要更多融资的话，创业者在企业的持股比例会越来越低，但这并不代表创业者拥有的财富降低了，因为企业获得融资后发展更好，企业的价值会越来越高。

第三节　创新与创业的关联性分析

一、创新与创业的联系

（一）本质上的契合

虽然创业与创新是两个不同的概念，但是两者之间却存在着本质上的契合，它们在内涵上相互包容，在实践过程中互动发展。

约瑟夫·熊彼特认为，创新是生产要素和生产条件的一种前所未有的新组合，这种新组合能够使原来的成本曲线不断更新，由此会产生超额利润或潜在的超额利润。创新活动的这些本质内涵，体现着它与创业活动性质上的一致性和关联性。

（二）创业是一个从无到有的创新实践

尽管有人认为，创新不是“创造新东西”的简单缩写，而是具有特定的经济学内涵，但是，通过理论创新或实践创新推出新的认识成果和物质产品，是创新实践标志性的、最关键的内涵之一。在这种意义上说，创业从本质上体现着创新的特质。创业的核心是创办企业，即通过创业者的努力，创立一个新的生产或服务性企业。因此，是否创办企业、创办的企业是否能够长期生存，就成为判断创业与非创业、创业活动是成功还是失败的根本标志。

创业活动与一般成熟企业的管理活动之间最大的区别就在于：创业是在一个空白的基础上起步的，它的任务是要创办、建立起一个新的企业，而成熟企业的管理则在于要把已经建立起来的企业做大做强。前者是从无到有，后者则是从小到大、从弱到强。正是基于这一认识，一些学者坚持认为，尽管我国许多国有企业的主管带领企业进行体制内创业，并取得了巨大成就，但从创业者的识别特征来看，他们不能被称为创业者。

（三）创新是创业的基础，创业推动着创新

创新是创业的基础，而创业又推动着创新。一方面，科学技术、思想观念的创新，会促进人们物质生产和生活方式的变革，引发新的生产、生活方式，进而为整个社会不断地提供新的消费需求，这是创业活动源源不断的根本动因；另一方面，创业在本质上是人们的一种创新性实践活动。无论是何种性质、类型的创业活动，它们都有一个共同的特征，那就是创业是主体的一种能动的、开创性的创新实践活动，是一种高度的自主创新行为。在创业实践的过程中，创业主体的主观能动性将得到充分的发挥和张扬，正是这种主观能动性充分体现了创业的创新性特征。

二、创新创业的意义

创新创业的意义主要体现在以下几点。

（1）使创业者获得财富、实现个人理想。

（2）促进经济增长。创业活动与经济增长呈正相关关系，创业活动越活跃的国家和地区，其经济增长速度越快。

（3）增加就业。创新创业能创造新的企业，为社会提供大量的工作岗位。例如，自 1980 年以来，美国新增的就业岗位中，80% 是新企业创造的。

（4）提高生产力。创业是新理论、新技术、新知识、新制度的孵化器，也是新理论、新技术、新知识、新制度转化成现实生产力的转化器。

（5）促进社会进步。时代呼唤创新，时代呼吁创业。创新创业是引领社会进步的第一动力。站在新时代的起跑线上，人们应以时不我待的创新精神，舍我其谁的责任担当，集众智、汇众力，为实现更高质量、更有效率、更可持续的发展，跑出“加速度”，干出新未来。

三、创新与创业的关联对我国的启示

（一）重视理论研究，加强实践结合

既然创新和创业密切相关，那么不仅要在理论上重视对创新与创业的渗透融合与有机集成的研究，而且应当在实践中把创新的主体和持续创业的主体结合起来，使企业获得核心竞争力和不断成长的动力。

坚持不懈的创新活动能够不断开拓新的市场领域，帮助企业取得竞争优势。通过持续创业，能够不断将创新成果转化为现实生产力，聚拢企业和社会财富，推动企业和社会经济可持续发展。

（二）要加强“产学研”的结合

想要真正弘扬创新创业精神、健全创新创业机制、完善创新创业环境，就必须加强“产学研”结合，加强高校、科研院所、企业与社会、政府部门之间创新与创业的交叉渗透与集成融合，推进科技成果产业化，以及产业部门的创新创业转型升级。

（三）创新教育与创业教育互相渗透和融合

我国高等院校的创新教育与创业教育应该相互渗透和融合，高校的教学资源及整个社会教育资源应当优化、整合与集成，而不是相互分离。

（四）培养复合型人才

创新与创业集成融合的客观趋势，要求高校人才培养目标应当是培养“创新创业型人才”，而不只是培养“创新型人才”或“创业型人才”。

第二章　创新思维概述

第一节　创新思维的含义与特征

一、创新思维的含义

思维可以分为传统思维和创新思维两类。传统思维是人类经常性的、以经验为主的程序化的思考。而创新思维是一种相对于传统思维而言的思维方式，是一种思维的智力品质。创新思维是指在传统思维的基础之上，通过发挥大脑的能动作用，以具有超前性和预测能力的新的认知模式来把握事物发展的内在本质及规律，对事物间的联系进行前所未有的思考，探索观察、分析和解决问题的新方法、新途径的思维过程。

从狭义的理解来讲，创新思维是一种开拓人类认识新领域、开创人类认识新成果、具有较大社会意义的高级思维活动，它往往表现为发明新技术、形成新观念、提出新方案和决策、创建新理论。当然，只有少数人才有狭义理解上的创新思维。从广义上讲，创新思维可以表现为做出了完整的新发现和新发明的思维过程，也可以表现为在思考的方法和技巧上、在某些结论和见解上具有新奇独到之处。它广泛存在于科学史上的重大发明之中，存在于政治、军事决策和生产、教育、艺术及科学研究活动之中。因此，每一个正常人都具有广义上的创新思维能力。例如，在领导工作实践中，具有创新思维的职业经理可以想别人所未想、见别人所未见、做别人所未做的事，敢于突破原有的框架，或是从多种原有规范的交叉处着手，或是反向思考问题，从而取得创造性、突破性的成就。

创新思维是人类从事创造性活动的基础，是一切创造原理和创造技法的源泉，人类的一切成果无一不是创新思维的结果。创新思维结果实现了知识，也就是信息的增殖。它或者是以新的知识（如观点、理论、发现）来增加知识的积累，从而增加了知识的数量（信息量）；或者是在方法上的突破，对已有知识进行新的分解与组合，发掘知识的新功能，由此实现了知识（信息）结构量的增加。所以，从信息活动和知识增殖的角度来看，创新思维是一种实现了知识增殖，或是说信息量增殖的思维活动。

创新思维结果的实现需要人们付出艰苦的脑力劳动。一项创新思维结果，往往需要经过长期的探索、刻苦的钻研，甚至多次的挫折之后才能取得，而创新思维的能力也要经过长期的知识积累、智能训练、素质磨砺才能具备。创新思维过程，还离不开推理、想象、联想、直觉等思维活动，所以，从主体活动的角度来看，创新思维是一种需要人们（包括组织者、管理者、职业经理等）付出较大代价，运用高超能力的思维活动。

二、创新思维的特征

创新思维区别于传统思维，它是通过发挥人脑的能动作用，对外部客观世界的信息以崭新的思考方式进行有意识或无意识、直接或间接的再加工处理的一个思维过程。创新思维具有以下几个特征。

（一）开拓性及独特性

创新思维较传统思维有明显的开拓性。传统思维是遵循现存思路和方法进行思考，重复前人过去已经进行的思维过程。传统思维所要解决的是实践中经常重复出现的情况和问题，思维的结论属于现成的知识范围。而创新思维在思路的探索、思维的方法和思维的结论上不满足于人类已有的知识和经验，往往是对现有物质形态的一种否定，不同程度地表现出与旧事物存在的某些差异，努力通过新的思维方式探索客观世界中尚未认识的事物的规律。它所要解决的是实践中不断出现的新情况和新问题，为人们的实践活动开辟新领域、新天地。

要有创新性，就要有独特性。求异、求新、新颖独创是创新思维的本质特征。创新思维的独特性在于思路的选择上、思考的技巧上、思维的结论上，能提出新的观点，探寻新的发现，与其他人有明显不同，并且前无古人、独具一格。创新思维的独特性能使知识和理论得到更新，对改变人类的生活方式和促进社会的进步起到深刻作用。

（二）灵活敏捷性

创新思维始终追随前进的历史车轮，跟踪着不断发展变化的动态社会。它有着敏捷的思维能力，从变化的实际情况出发，做到因人、因时、因事而异，短时间内迅速地调动思维，具备积极思维、周密考虑、准确判断的能力，能当机立断、迅速正确地解决新问题。同时，创新思维并无现成的思维方法和程序可循。它的方式、方法、程序、途径等都没有固定的框架，且是多方向发散和立体型的。在思维活动中，表现为可以灵活地从一个思路转向另一个思路，从一种意境进入另一种意境，多方位地试探解决问题的办法。传统思维通常是调动已有的经验，索引既定的方案、现成的做法、惯用的例证，习惯于按照一定的固有思路和方法进行思维活动，虽然符合“最省力原理”，但“再现”多于“创造”，“仿效”多于“结合”，其思维缺乏灵活性，缺乏深度和广度。

创新思维灵活敏捷性的主要表现：一是变通力，能适应变化多端的现实情况；二是摆脱惯性，不以僵化的方式看问题，突破各种成见、偏见和思维定式；三是依赖高度发展的观察力和良好的注意力。

（三）探险性和风险性

创新思维的显著特点一是“创”，二是“新”，并能以“创”促“新”，以“新”带“创”。它坚信“发展就要变，不变就不会发展”的硬道理，其核心是在发展上求创新，求突破，而不是原来事物的再现重复，它是在探索中发现和解决问题的。

由于创新思维活动是一种探索未知的活动，因此，要受多种因素的限制和影响，如事物发展的程度及本质暴露的程度、实践的条件与水平、认识的水平与能力等。这决定了创新思维并不能每次都能取得成功，甚至有可能毫无成效或者得出错误的结论。创新思维的风险性还表现在它会对传统势力、偏见产生冲击。而传统势力、现有权威都会竭力维护自己的存在，对创新思维活动的成果抱有抵触心理。但是，它无论取得什么样的结果，在认识论和方法论范畴内都具有重要意义。传统思维不越常规，表面看来“稳妥”、风险小，但它的根本缺陷是“从来没有改变，原来咋样还咋样”，不能为人们提供新的启示。

（四）突变性

在创新思维的过程中，新思路、新设想的产生通常带有突变性。有时候，人们的思考到达一个瓶颈，或者说思路达到极限的时候，常常会在突然之间，思绪豁然开朗，思如泉涌，突发奇想，使得久思不得其解的问题在瞬间就能找到答案。这样的现象也称为“灵感降临”“灵光一现”。创新思维的机理是突变论，它表现出一种非逻辑的特征，是对原有极限的突破，催动新生事物的产生。当然，突变性是创新者长期观察、研究、思考的结果，是创新思维活动过程的产物。这种思想火花的爆发没有固定的时间，带有极大的随机性。

（五）客观现实性

创新思维是以客观存在为主体的现实思维结构。它强调一切从实际情况出发，从解决现实矛盾和问题入手，尊重客观、尊重事实，在实践中不断认识真理。从本质意义上讲，创新思维始于客观存在的必然需要，创新方法源于解决现实问题之中，离开现实谈创新没有任何意义，脱离现实搞创新更是违背规律的。传统思维往往流连过去，习惯用老眼光看待新事物，“穿新鞋走老路”，很难引领人们进入一个新的境界。

（六）科学性和有益性

创新不是凭个人的主观意志获得成功的，它必须建立在科学的认识观，即在辩证唯物主义和历史唯物主义的科学理论指导下，经过对客观事物的细致观察和认真剖析，才能大胆地对现有物质形态在“局部继承”的基础上进行“整体否定”。因此，任何创新活动都必须遵循客观事物的发展规律，符合客观实际，经得起实践检验，具有令人信服的科学性。这也是区别真创新和假创新的一条重要标准。创新的目的在于造福人类，创新的成果也唯有益于人类，才能被人们承认、接受。在从事创新的全过程中，始终使良好的创新动机和有益的创新成果取得和谐统一，是确保创新获得成功的先决条件，也是衡量一切创新是否具有存在价值的一条重要依据。

（七）综合性

创新思维是由许多因素、多种思维形式参与并结合在一起的综合性思维活动。包括知识信息因素、智力因素、实际能力因素、个性因素、身体因素，以及想象、联想、比较和概括等。把事物的各个侧面、部分和属性等有机地综合成一个新的整体来进行观察和思考，常常容易发现事物之间的内在联系，发现事物之间在某些方面存在某些重要的关系，从而做出重大的创造发明。

人的思维结构可以分为思维形式、思维内容和思维过程 3 个部分。如图 2－1 所示，*X* 轴代表思维形式，分为求同与求异、收敛与发散、习惯与变异、循序与跳跃、试悟与顿悟等 5 对思维，由 10 个因子组成。在每对因子中，前者为正向因子，而后者则为负向因子。*Y* 轴代表思维方法，由辩证、逻辑、形象、动作等 4 个部分组成，属于中性因子。*Z* 轴代表思维过程，由分析、综合、比较、概括、推理、抽象、类比、概念、判断、想象等 10 个部分组成，均属于中性因子。由于坐标系统中 X 轴上有 10 个因子，可分为 1，2，3，4，…，10 个因素的排列组合；Y 轴上有 4 个因子排列组合；Z 轴上有 10 个因子排列组合。用数字的排列组合方法解析，所得到的思维模式种类可有百亿种之多。

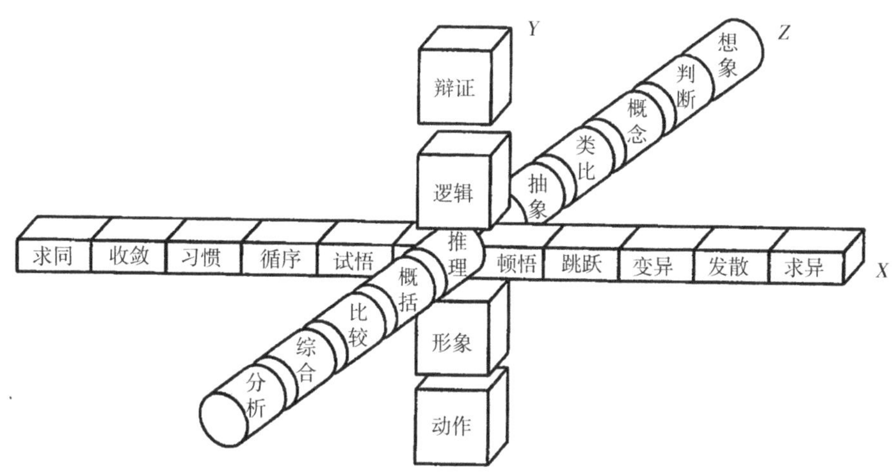

图 2-1　人的全方位思维模式结构图

资料来源：朱国富. 创新理论与技能［M］. 北京：高等教育出版社，2013.

创新思维是人类最高级、最复杂的思维过程，它是多种思维方法、思维形式和思维过程有机结合的产物。在创新思维方法上，既要有逻辑思维，也要有形象思维；在思维形式上，既要有发散思维，也要有收敛思维，既要有求异思维，也要有求同思维；在思维的过程中，要不断地综合、分析、比较、概括和推理。只有这样，才能正确地认识事物的关系，认识事物的本质和规律，才可能卓有成效地产生创造性的成果。

第二节　创新思维的作用与分类

一、创新思维的作用

创新思维主要有以下 3 个作用。

第一，创新思维可以不断地增加人类知识的总量，不断提高人类认识世界的水平。创新思维因其对象的潜在特征，向着未知或不完全知晓的领域进军，不断地扩大人们的认识范围，不断地把未被认识的东西变为可以认识和已经认识的东西。科学上的每一次发现和创造，都增加着人类的知识总量，为人类由必然王国进入自由王国不断地创造着条件。

第二，创新思维可以不断地提高人类的认识能力。创新思维的特征已表明，创新思维是一种高超的艺术，创新思维活动及过程中的内在的东西是无法模仿的。这内在的东西即创新思维能力。这种能力的获得依赖于人们对历史和现状的深刻了解，依赖于敏锐的观察能力和分析问题能力，依赖于平时知识的积累和知识面的拓展。而每一次创新思维过程就是一次锻炼思维能力的过程，因为要想获得对未知世界的认识，人们就要不断地探索前人没有采用过的思维方法、思考角度去进行思考，就要独创性地寻求没有先例的办法和途径去正确、有效地观察问题，分析问题和解决问题，从而极大地提高人类认识未知事物的能力，所以，认识能力的提高离不开创新思维。

第三，创新思维可以为实践开辟新的局面。创新思维的独创性与风险性特征赋予了它敢于探索和创新的精神，在这种精神的支配下，人们不满于现状，不满于已有的知识和经验，总是力图探索客观世界中还未被认识的本质和规律，并以此为指导，进行开拓性的实践，开辟出人类实践活动的新领域。相反，若没有创造性的思维，人类躺在已有的知识和经验上，坐享其成，那么，人类的实践活动只能停留在原有的水平上，实践活动的领域也非常狭小。

创新思维是将来人类的主要活动方式和内容。历史上发生过的工业革命并没有完全把人从体力劳动中解放出来，而目前世界范围内的新技术革命，带来了生产的变革。全面的自动化把人从机械劳动和机器中解放出来，从事着控制信息、编制程序的脑力劳动。而人工智能技术的推广和应用，可以将人所从事的一些简单的、具有一定逻辑规则的思维活动，交给人工智能去完成，从而又把人从简单脑力劳动中解放出来。这样，人将有充分的精力把自己的知识、智力用于创造性的思维活动，把人类的文明推向一个新的高度。

创新思维的探索还具有开拓性的作用。创新思维是一种具有开创性意义的思维活动，它发明的新技术、形成的新观念、提出的新方案和决策、创建的新理论，不断开辟人类认识的新领域。创新思维不仅可以是新发现和新发明，而且可以是新方法和新技巧。

二、创新思维的分类

创新思维提倡自由畅想，完全可以不受顺序、层次甚至方向等的影响，可以多角度、全方位地思考问题。

思维类型指的是具有共同特征组成的思维方式、方法和过程的总称。创新思维主要有5种基本类型：发散思维与集中思维、正向思维与逆向思维、形象思维与抽象思维、直觉思维与灵感思维、综合思维。这5种基本类型中又包含多种思维模式。

（一）发散思维与集中思维

发散思维就是让人们把创新的思路扩散出去，多角度、多层次、多方位地去寻找问题的答案，以达到摆脱束缚、开拓思路、开阔视野的目的，从而获得“思绪万千，新意无穷”的效果。集中思维则恰好相反，它是把按发散思维拓展出去的思路再收拢回来，集中到某些核心思考点上，以达到终极目标。由此不难理解，“发散”与“集中”既对立又统一，既包含了一个事物的两个方面，又相互联系，在创新活动中相互依赖。

在具体的创新活动中，发散思维与集中思维又可分为以下3种思维模式。

一是破旧立新。原始创新是最彻底、最有效的创新方法。“不破不立”，“破”字当头，“立”在其中。破旧立新是对旧事物进行全盘否定，用新事物取而代之，取得面貌一新、不留痕迹的结果。

二是集旧成新。集旧成新的思维模式，要求创新者具有一定的分析与综合、归纳与演绎等逻辑思维能力。面对已经存在的许多事物，包括理论、方案、技术和产品等，运用发散思维把它们的共同点和不同点以及相互关联之处等逐一地找出来；再运用集中思维从杂乱无章的现象中理顺出一个统一的规律，求同存异、去伪存真、由表及里、相互渗透，最后把它们重新组合成一个协调一致的新整体。集旧成新的思维模式不仅适用于技术领域，对其他创新领域也同样适用。人们经常说的“集前人之大成”，实际上就是一种集旧成新的创新思路。

三是推陈出新。世界上的万事万物都有一个不断发展变化的过程。新事物可随着时光的流逝而演变为旧事物，而旧事物也可以发展变化成为新事物。有些旧事物因时代的变化失去了自身存在的价值而成为破旧立新的对象。有些旧事物虽然已经陈旧，但仍不失其存在价值，经过更新换代或改进、变革之后又成为新事物，这便是推陈出新的创新思维模式。推陈出新与破旧立新最根本的区别在于消除旧事物的程度不同。推陈出新是对旧事物进行改革或改进，因而所创的“新”仍保留了旧事物的痕迹；破旧立新是对旧事物的全盘否定，其创新成果中旧事物的痕迹已不复存在。正因如此，破旧立新由于其对旧事物摒弃的彻底性，创新价值较大，如理论上的重大突破、技术发明、制度创新等；推陈出新由于其创新的不彻底性，创新的价值较小，如技术革新、产品改进等。

（二）正向思维与逆向思维

人的思维活动存在正向和逆向两种方式。在通常情况下，正向思维能有效、经济地解决大部分常规问题。但在创新中，正向思维可能展现出它的束缚性，束缚人们的思路。转换视角，从逆向去探索，往往会产生新的观念或超常的构思。逆向思维告诉人们在思考问题时要随时注意调整自己的思维方式，不要沿一条路走下去。要敢于打破常规，换一个角度思考问题，甚至反戈一击，反其道而行之，或者干脆把所研究、思考的问题拉回到原点，不惜推倒重来。

所谓物极必反、否极泰来，就是告诫人们，当你感到十分困惑、迷惘时，不要悲观，不要失望，不要怨天尤人，而要以积极的态度正视现实、正视困难，及时改变自己的思维方式，及时启动你的逆向思维。

逆向思维由于其创新的对象、所具备的条件、所处的背景，以及因果关系等方面的区别，又可分为以下 4 种思维模式。

一是打破常规。常规思维即逻辑思维，也称习惯思维，其特点是思路严谨、顺理成章、因果关系明确，容易为大多数人所接受。一般来说，它不会引起非议，也不会有太大的风险，但却很难达到创新的目的。而与此相反，打破常规的逆向思维却往往会出其不意地得到创造性成果。如爱因斯坦的相对论、史丰收的速算法等就是运用这种创新思维模式的结果。

二是相反相成。自然界中的万事万物普遍存在着一个既对立又统一的客观规律。例如，大与小、黑与白、高与矮等，它们既相互对立，又相互依赖、相反相成。这启发人们在进行创新活动时，不仅要研究客观事物本身所存在的一些客观规律，还要注意到事物的反面。相反相成的逆向思维就是要求人们从事物的反面思考问题，反其道而行之。

三是回归原点。人们在从事各项社会活动时，经常会遇到这样一种情形，就是当你在所从事的事业中花费了大量的时间和精力，甚至投入了不少资金和物力，虽然也取得了一定成绩，但再继续深入下去时，却遇到了难以逾越的障碍，很难再前进一步。此时，你自然会感到大惑不解、悲观失望，甚至几近崩溃。至此，你既不能急于求成，也不能失去信心。最好的方法就是停下来反思，检查一下你的思路是否发生了问题。因为你已经发散出去的思维很可能在一开始就找错了方向。若果真如此，最富成效的办法就是“悬崖勒马，回头是岸”，毅然决然地把你所研究的问题再返回到其初始状态，这便是逆向思维中回归原点的创新模式。

四是化弊为利。大千世界，无所不有；万事万物，有利有弊。这“利”和“弊”就构成了事物的两个方面，相伴而生，相反相成。这是自然界的客观规律，不以人的意志为转移。汽车的发明，给人类提供了先进的交通工具，但同时也造成了对空气的污染；城市的繁荣，带来了人类的物质文明和精神文明，却使人类的自然环境遭到严重破坏；工业生产的规模化发展和自动化程度的提高在解放生产力的同时，也造成了大批工人的失业……总而言之，随着社会的不断进步，各种弊端也都暴露出来。但是，科技要进步，经济要发展，社会要前进，这是不可逆转的历史潮流，不会因诸多弊端的出现而改变。因而正确的做法应当是直面社会发展所带来的诸多弊端，运用逆向思维，化弊为利，不断创造新成果。

（三）形象思维与抽象思维

形象思维是以被研究的客观事物的形象特征为主要思考对象的一种思维方式，属创新思维。形象思维包括想象、联想、模拟和幻想等思维模式。抽象思维即逻辑思维，它是把被研究的客观事物的形象特征去掉，而把属于形象特征以外的其他特征抽取出来，形成某种概念，然后再对这些概念按照逻辑思维所规定的规则、定律、公式、定理等进行分析、比较、推理、归纳、演绎、判断等。与抽象思维相比，形象思维更为重视客观事物的表象，强调充分发挥个人的想象、联想、类比、模仿等能力，并允许虚构和幻想，从而可以构造出一个栩栩如生的生动形象，或者一幅绚丽多彩的图画，或者一首优美动听的乐曲等。正因如此，形象思维不仅因为它的富有形象和直观而具有文学价值，而且在创新思维中具有重要地位。

（四）直觉思维与灵感思维

直觉思维与灵感思维是两种更趋成熟和更加高级的创新思维，在创新活动中具有极其重要和不可替代的地位。

直觉思维是指对一个问题未经逐步分析，仅依据内因的感知迅速地对问题答案做出判断、猜想、设想，或者在对疑难问题百思不得其解时，突然对问题有灵感和顿悟，甚至对未来失误的结果有预感等。直觉思维是一种心理现象，在创新思维活动的关键阶段起着极其重要的作用。直觉思维是完全可以有意识加以训练和培养的。

灵感思维是指人们在百思某一问题不得其解时，思绪由于受到某种外来信息的刺激或诱导，忽然灵机一动，想出了办法，对问题的解决产生重大影响的思维过程。灵感思维往往不受思考者的控制而突然发生。灵感的产生往往伴随着激情，令创新者欣喜若狂、思维空前活跃。

（五）综合思维

人脑的思维活动非常复杂，不仅各种创新思维之间具有密不可分的内在联系，而且创新思维与各种逻辑思维之间也没有明显的界限。况且，任何被研究的客观事物的最终解决方案也不会一蹴而就，还要经过许多艰难曲折和反复思考。因此，任何一项创新活动的完成，往往会伴随着各种创新思维和逻辑思维的相互结合及交替运用。当然，由于创新思维与逻辑思维具有不同的特点，决定了两者的相互独立性，因而在创新活动的不同阶段，两种思维各有偏重，分别发挥着主导和辅助的作用。因此可以说，综合思维归根结底是创新思维与逻辑思维的辩证统一，也是一种创新思维的基本类型。

综合思维共有两种思维模式，即综合思维模式一和综合思维模式二。

综合思维模式一：利用创新思维具有新、奇、快等特点，大胆地提出问题或发现问题，达到“一鸣惊人”“一语道破天机”等创新效果，再运用逻辑思维具有科学、严谨、缜密、规范、系统、全面等特点，对提出或发现的问题进行分析、综合、归纳、判断和实验验证等，最终取得圆满的结果。

综合思维模式二：先由逻辑思维提出或发现问题，再用创新思维寻找理论证明方法或实验验证方法。举世瞩目的“哥德巴赫猜想”就是运用这种创新思维的典范。

第三节　创新思维的训练

本节主要介绍几种常用的创新思维训练方法。

一、发散思维训练

发散思维训练是一种有目的、有计划、有系统的教育活动。人先天的素质对思维能力具有重要影响力，但后天的教育与训练对思维能力的影响更大、更深。

（一）推陈出新训练法

此训练法就是当看到、听到或者接触到一件事情、一种事物时，应当尽可能赋予它们新的本质，摆脱旧有观念的束缚，运用新观点、新方法、新结论，反映出自己的独创性，按照这个思路进行发散思维方法训练，往往能收到推陈出新的效果。

（二）生疑提问训练法

此训练法是对事物或过去一直被人认为是正确的东西或某种固定的思考模式敢于并且善于提出新观点和新建议，并能运用各种证据，证明新结论的正确性，它标志着一个人创新能力的高低。生疑提问训练方法是：首先，每当观察到一种事物或现象时，无论是初次还是多次接触，都要问“为什么”，并且养成习惯；其次，每当工作中遇到问题时，尽可能地寻求其规律性，或从不同角度、不同方向观察同一问题，以免被知觉假象所迷惑。

（三）集思广益训练法

此训练法要求找到一批人组成一个团体，大家彼此交流，集中众多人的智慧，广泛吸收有益意见，从而提高个人的思维能力。此训练法不仅有利于研究成果的形成，还具有培养人的研究能力的作用。由于每个人看待问题的出发点及观察问题的角度不同，研究问题的方式不同，分析问题的水平不同，自然会产生种种不同观点和解决问题的办法。通过比较、对照、切磋，能学习到对方思考问题的方法，从而在潜移默化中提升自己的思维能力。

二、集中思维训练

集中思维是相对于发散思维而言的，又称收敛思维、聚合思维，是指以某个思考对象为中心，尽可能运用已有的经验和知识，将各种信息重新组织，从不同的方面和角度，将思维集中指向这个中心点，从而达到解决问题的目的的思维方式。

集中思维是创新性思维群中偏向于逻辑性思维的一种思维方法，需要创新活动参与者理性思考，并具备一定的归纳、总结，甚至整体规划的能力。集中思维的有效性从某种程度上来说，受到“集中”方向的准确性的影响，在初期判断各类信息与思维目标的相关性时，往往需要创新主体有敏锐的洞察力和准确的判断力。这种能力虽与先天因素密切相关，但并不是不能通过后天培养的。具体来说，集中思维训练的方法主要有以下几种。

（一）辏合显同训练法

所谓“辏合显同”，就是把所有感知到的对象依据一定的标准集中起来，显示它们的共性和本质。这是一种通过归纳和聚合信息揭示共性特征的逻辑思维方法。

（二）层层剥笋训练法

人们在思考问题时，最初认识的往往是问题的表层（表面），也就是较为肤浅的东西。然后，经过层层分析，向问题的核心一步一步地逼近，抛弃那些非本质的、繁杂的特征，揭示出隐蔽在事物表面现象后的深层本质。

（三）搜寻目标训练法

此训练法是指确定搜寻目标，然后进行认真的观察，作出判断，找出其中关键的训练法。搜寻目标法要求围绕目标进行定向思维分析，目标的确定越具体越有效。

（四）思维聚焦训练法

思维聚焦就是人们常说的沉思、再思、三思，是指在思考问题时，有意识、有目的地让思维过程停顿下来，并将前后思维领域浓缩和聚拢起来，以便更加有效地审视和判断某一事件、某一问题、某一片段信息。

由于聚焦带有强制性指令色彩，因此它对人们的思维可产生双重作用：其一，可通过反复训练，培养人们的定向、定点思维习惯，形成思维的纵向深度和强大穿透力，犹如用放大镜把太阳光持续地聚焦在某一点上，就可以形成高热；其二，由于经常对某一事件、某一问题、某一片段信息进行有意识的聚焦思维，自然会积淀起对这些事件、问题、信息的强大透视力、理解力，以便最后顺利解决问题。

三、联想思维训练

在进行联想思维训练过程中，通常有以下两种方法。

（一）自由联想训练法

此训练法是一种主动的、自由的积极联想，是自由奔放、毫无顾忌地进行联想。该方法属于探索性的方法，是由美国芝加哥大学的心理学家首先提出并开始试验的。心理学家提出一个有趣的问题，要求接受试验的人尽快地想到许多观念，再从这些观念中选出新的观念。例如，提及“飞机”一词，就可能联想到飞机的原理、起飞的上升力、着陆的下降力及飞机的冲力必须超过它的阻力等。联想思维能力更强的人还可以构想出宇宙飞船、飞行火车等。心理学家经过一系列的追踪研究发现，自由联想越丰富的人，创新能力也越强。

（二）强制联想训练法

此训练法是与自由联想训练法相对而言的，是将两个或两个以上无关的事物强行联系在一起，从而产生独特设想的方法。

强制联想的细分方法有多种，常见的有查阅产品样本法、列表法等。

1. 查阅产品样本法

查阅产品样本法又称目录法，多用于产品创新。它是指将两个或两个以上，一般情况下彼此无关联的产品样本或想法，强行联系在一起，从而产生独特创意的思维方法。

查阅产品样本法的优点是思维跳跃性比较大，从而克服个人经验的束缚，启发人们的灵感，产生新的设想。但这种强制性的联想由于样本或想法之间没有内在的联系，因而得到的设想有许多是毫无道理的牵强或“畸形”组合，因此对强制联想产生的设想要加以分析和鉴别。

2. 列表法

列表法是事先将考虑到的所有事物或设想依次列举出来，然后任意选择两个加以组合，从中获得独创性的事物或设想。

四、想象思维训练

想象是对大脑中已有记忆表象（印象）进行新的加工、改造、重组而创造出新形象的思维活动。想象力是人类创新的源泉，推动着世界的进步，并且是知识进化的源泉。要具有较好的想象力，首先，要积累丰富的知识和生活经验；其次，要保持和发展自己的好奇心；最后，应善于捕捉想象思维的产物，进行思维加工，使之变成有价值的成果。想象力的训练方法有以下几种。

（一）组合想象训练法

组合想象训练法是指将头脑中某些客观存在的事物形象，整个或者抽取它们的一些组成部分，根据需要做一定改变后，再将抽取出的这些部分结合成另一种具有其自身结构、性质、功能及特征的新的事物形象。例如，儿童把积木搭成各式各样的房子，手工艺师把各种废料做成不同的手工艺品等。

（二）填充想象训练法

填充想象训练法是指为了增强事物的完整性，对事物运作过程进行全面思考，利用想象对该事物的其他组成部分或其他发展环节加以填补充实，从而构成一个完整的事物形象。例如，古生物学家根据一具古生物的化石，就能想象出这个古生物的原有形态；建筑工程师只看到建筑物的设计图纸，就能知道将要建成的是一座什么样的高楼大厦。

（三）纯化想象训练法

纯化想象训练法是指在头脑中抛开与所面临事物无关或关系不大的事物的某些因素或部分，只保留必须着重考察的某些因素或部分，以构成反映该事物某方面本质与规律的简单化、单纯化、理想化的形象。例如，为了弄清一个人的血管分布，可以在想象中把人的皮、肉、毛发、五脏六腑及骨骼等全部舍弃，而只保留全部血管。虽然这已经不是一个完整的人的真实情况，而且实际上也不可能这样做到，但是这样的纯化想象，对弄清和说明人的血管分布具有非常重要的作用。

（四）取代想象训练法

取代想象训练法是指采用换位思考的方法，通过揣摩和体会某人的思想情感或某事的具体情景，以谋求获得解决问题的办法或启示。

（五）预示想象训练法

预示想象训练法是指根据已有的知识、经验和形象积累，在头脑中构成当前尚未存在，而未来可能产生的某种事物形象的过程。

（六）导引想象训练法

导引想象训练法是指在头脑中具体细致地想象和体验自己为完成某一复杂而艰巨的任务所进行的努力，以及任务完成后的成功情景和喜悦心情，从而调动和发挥自身潜力，以促进任务的顺利完成。导引想象训练法广泛应用于各个领域和行业，许多成功人士都曾受益于它。

第三章　创新的方法

第一节　头脑风暴法

一、头脑风暴法的含义

头脑风暴法是亚历克斯·奥斯本最早于 1939 年首次提出的，并于 1953 年正式发表了这种激发创造性思维的方法。

头脑风暴法又称智力激励法、自由思考法或诸葛亮会议法，通常是指一群人开动脑筋，进行自由的、创造性的思考与联想，并各抒己见，在短暂的时间内提出解决问题的大量构想的一种方法。这种方法是当今最负盛名，同时也可以说是最具实用性的一种集体创造性地解决问题的方法。

头脑风暴的原意是“突发性的精神错乱”，用来表示精神病患者处于大脑失常的状态。精神病患者最大的特征是在发病时无视他人的存在，言语与肢体行为随心所欲，这虽然不合乎社会行为礼仪规范，然而从创造性思考的启发与引导的目标来看，摆脱世俗与旧观念的束缚，期望构想能无拘无束地涌现，还是有必要的，这正是头脑风暴法的要义所在。

从形式上来看，头脑风暴法是将少数人召集在一起以会议的形式，对于某一问题进行自由的思考和联想，同时提出各自的设想。头脑风暴法是一种发挥集体创造精神的有效方法，与会者可以在没有任何约束的情况下发表个人的想法，提出自己的创意。

二、头脑风暴法的基本规则

头脑风暴法的会议之所以会引发大量新创意的诞生，主要有以下原因。一是在轻松、融洽的气氛中，每个人都能尽情想象、自由联想、各抒己见。二是能够产生互相激励、互相启发的效果。每个人的创意都会引起他人的联想，进而引起连锁反应，形成有利于解决问题的多种创意。三是在会议讨论时更能激发人的热情，激活思维，开阔思路，有益于突破思维定式和旧观念的束缚，激起竞争意识，争强好胜的天性会使与会者积极开动脑筋，发表独到见解和新奇观念。

在使用头脑风暴法解决问题时，为了减少群体内的社交抑制因素，激励新想法的产生，提高群体的创造力，必须遵守以下基本规则。

（一）暂缓评价

在头脑风暴会议上，会议主持人和与会者对各种意见、方案的准确与否不要当场给出评价，更不能当场提出批评或指责。对现有观点的批评不仅会占用宝贵的时间和脑力资源，而且容易使得与会者人人自危，发言更加谨慎保守，从而遏制新观点的诞生。因为，所有的想法都有潜力成为好观点、好方法，或者能够启发他人产生新的想法。与会者应着重于对想法进行丰富和拓展。这种将评论放在后面的评价阶段进行，延迟评判的策略，可以形成有利的气氛，有助于与会者提出更多的想法。

（二）鼓励提出独特的想法

与会者在轻松的氛围下，就像与家人聊天一样各抒己见，避免人云亦云、随波逐流、思维僵化，有利于提出独特的见解甚至是异想天开的、荒唐的想法。这样便可能开辟新的思维方式，提供比常规想法更好的解决方案。若要产生独特的想法，可以反过来看问题，也可以换一个角度考虑问题，甚至可以撇开常规的假设等。

（三）更为追求方案的数量

如果追求方案的质量，容易将时间和精力集中在对该方案的完善和补充上，从而影响其他方案的提出和思路的开拓，也不利于调动所有与会者的积极性。如果头脑风暴会议结束时有大量的方案，那就极有可能发现一个非常好的方案。

（四）重视对想法的组合和改进

与单纯提出新想法相比，对想法进行组合和改进可以产生更好、更完整的想法。所以，头脑风暴能更好地体现集体智慧。

三、头脑风暴法的小组成员

实施头脑风暴法要组织一个小型会议，而在实施过程中，对小组成员和主持人的要求如下。

（一）头脑风暴小组人数的确定

奥斯本认为，会议的参加人数以 5 ~ 10 人为宜，包含主持人和记录员在内以 6 ~ 7人为最佳。头脑风暴法小组人数的多少取决于主持人的风格、小组成员个体的情况等因素，小组人数太多或太少，效果都不太理想。人数过多时，会使某些人没有畅所欲言的机会；过少时，会场面冷清，影响与会者的热情。与会者最好职位相当，对所要解决的问题都感兴趣，但是不必全部是同行。

（二）小组中不宜有过多的专家

在进行头脑风暴的过程中，如果专家太多，就很难做到暂缓评价，权威在场必定会对与会者产生威慑作用，给与会者的心理造成压力，因此，难以形成自由的发言氛围。然而，在实际操作头脑风暴的时候，与会者往往都是从企业的各个部门会集而来的各专业领域的专家。在这种场合，无论主持人还是与会者，都应注意不要从专业角度发表评论，否则会引起争议，打破暂缓评价的局面，产生不良效果。还有一点很重要，就是专家的人选应严格限制，以便与会者把注意力集中于所涉及的问题。如果与会者相互认识，要从同一职位（职称或级别）的人员中选取；如果与会者互不认识，可从不同职位（职称或级别）的人员中选取。在这种情况下，不应宣布与会者的职称或职务。与会者不论职称或职务级别的高低，而应力求其专业领域与所论及的决策问题相一致。

（三）小组成员最好具有不同的学科背景

如果小组成员具有相同的学科背景，他们都是同一方面的专家，那么，很可能会沿着固有专业方向的常规思路来激发思想、产生观念，这样，同学科或相近学科的成员所产生的构想范围就很有限，而不能充分发挥头脑风暴法的优势。相反，如果小组成员背景不同，他们则很可能从不同的层面、不同的方向、不同的角度提出千差万别的观点，从而更有利于获得头脑风暴效应。

（四）小组成员应具有较强的联想能力

小组成员具有较强的联想能力是头脑风暴法获得良好效果的重要保证。在进行头脑风暴时，组织者应尽可能提供一个有助于把注意力高度集中于讨论问题的环境。在头脑风暴会议上，有的人提出的设想可能是其他准备发言的人已经思考过的设想。其中一些最有价值的设想，往往是在已提出设想的基础上，经过头脑风暴迅速发展起来的设想，或对两个或多个设想进行综合所得到的设想。因此，头脑风暴法产生的结果是成员集体创造的成果，是头脑风暴小组成员互相感染激励、互相补充完善的总体成果。

（五）头脑风暴小组主持人的确定

只有主持人对整个头脑风暴过程进行适度控制和协调，才能减少头脑风暴的抑制因素，激励新想法，充分发挥小组群体的创造力，获得预期的效果。由此可见，头脑风暴小组中的主持人必须能够做好以下 3 点：一是能掌控会议，并使头脑风暴会议的成员严格遵循前述的头脑风暴法基本规则；二是要使会议保持热烈而轻松的气氛；三是要保证让全体参与者都能畅所欲言，献计献策。

头脑风暴小组会议的主持人必须具有丰富的经验，能够充分把握讨论问题的本质。主持人应乐于接受头脑风暴法所造成的奔放而接近狂热的会议气氛，努力使参加者忘却自我，从而变得更加自由。主持人应及时地发现与会者朝哪个方向提出设想，并巧妙地将脱离正确方向的与会者引回到既定的目标方向上来。在某种程度上讲，主持人应该是观察力相对卓越的人，并在某些方面具备电视节目主持人的素质。

在与会者发言气氛显得相当热烈时，可能会出现许多违背头脑风暴法基本原则的现象，如交头接耳、哄堂大笑，甚至公开评论他人意见等。此时，主持人应当立即制止，并号召大家给予发言者鼓励。当许多灵感已被陆续激发出来，而与会者也开始表现出疲惫状态，灵感激发速度明显下降时，主持人可以用“每人再提两个点子就结束”之类的话语再次激发创意。主持人应控制好总的时间，一般建议控制在 30 分钟左右，以免与会者太疲倦而产生反感。在会议结束时，主持人应对会议的成果表示肯定，对与会者表示感谢。

四、头脑风暴法的操作步骤

从会前准备到创意评价，头脑风暴法有如图 3－1 所示的 3 个阶段。

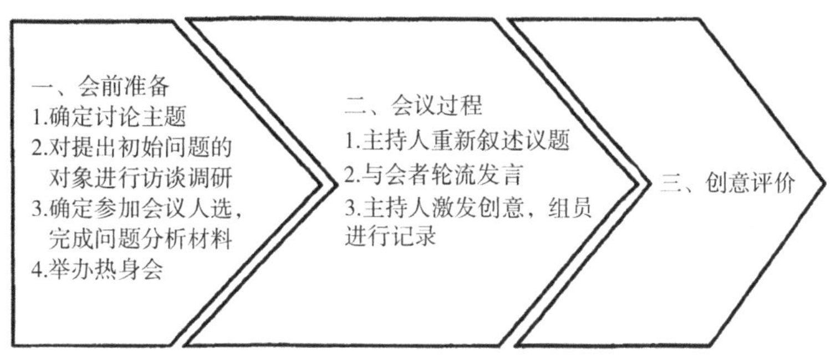

图3－1 头脑风暴的3个阶段

（一）会前准备

第一，确定讨论主题。讨论主题应尽可能具体，最好是实际工作中遇到需要解决的问题，目的是让与会者有效地联想和激发创意。

第二，如果可能，应提前对提出初始问题的个人、集体或部门进行访谈调研，了解解决该问题的限制条件、制约因素、阻力与障碍以及任务最终目标分别是什么。

第三，确定参加会议人选，并将这些问题写成问题分析材料，在召开头脑风暴会议之前的几天内，连同会议程序及注意事项一起发给各位与会者。

第四，举办热身会，在正式会议之前召开预备会议。这是因为在多数情况下不是所有的成员都有参加头脑风暴会议的经验，同时，要所有人都做到遵守延迟评价原则也比较困难。所确定的讨论主题的涉及面不宜太宽，主持人要提前将讨论主题告诉与会者，并附加必要的说明，使与会者能够收集确切的资料，并且按正确的方向思考问题。在热身会上，要向与会者说明头脑风暴法的基本规则，解释创意激发方法的基本技术，并对成员所做的任何有助于发挥创造力的尝试都予以肯定和鼓励，从而让与会者形成良好的思维习惯来适应头脑风暴法，并尽快适应头脑风暴法的气氛。

（二）会议过程

在会议过程中要注意以下几个问题。

第一，由会议的主持人重新叙述议题，要求小组成员讲出与该问题有关的创意或思路。

第二，与会者想发言的先举手，由主持人指名开始发表设想，发言力求简单扼要，一句话的设想也可以，注意不要做任何评价。发言者首先提出由自己事先准备好的设想，然后再提出受别人的启发而得出的思路。从这一阶段开始，就存在着头脑风暴的创造性思维方法。

第三，若是头脑风暴法进行到人人都山穷水尽的地步，主持人必须使讨论发言再继续一段时间，务必使每人尽力想出妙计，因为奇思妙计往往在挖空心思的压力下产生。主持人在遇到会议陷于停滞时可采取其他创意激发方法。

第四，创意收集阶段实际上与创意激发和生成阶段同时进行。执行记录任务的是组员，也可以是其他组织成员，每一个设想必须以数字注明顺序，以便查找。必要时可以用录音机或摄像机辅助记录，但不可以取代笔录。记录下来的创意是进行综合和改善所需要的素材，所以应该放在全体与会者都能看到的地方。在小组成员提出设想的时候，主持人必须善于运用激发创意的方法。语言要妙趣横生，使气氛轻松融洽。同时，主持人还要保证使与会者坚守头脑风暴法的基本规则，即任何发言者都不能否定和批评别人的意见，只能对别人的设想进行补充、完善和发挥。一次会议创意发表不完的，可以再次召开会议，直至将各种创意充分发表出来为止。主持人必须充分掌握时间，时间过短，设想太少；时间过长，容易疲劳。根据经验，最好的设想往往是会议快要结束时提出的。可以从已确定的会议结束时间再延长 5 分钟，因为在这段时间里人们容易提出最好的设想。

（三）创意评价

创意评价前要先确定创意的评价和选取的标准，比较通用的标准有可行性、效用性、经济性、大众性等。在会议之后，要对创意进行评价和选择，以便为要解决的问题找到最佳解决办法。对设想的评价不要在进行头脑风暴法的同一天进行，最好过几天再进行。

经过多年的研究和实践，人们总结了大量简便有效的经验，下面简单介绍一些小技巧，以便在实际操作中产生更好的实施效果。

第一，讨论问题的确定非常重要，问题设置不当，头脑风暴会议便难以获得成功。在讨论问题的设置方面，应做到以下几点。

一是在设置问题时必须注意头脑风暴法的适用范围。

二是讨论的问题要具体、明确，不要过于宽泛。

三是讨论问题也不宜范围过小或限制性太强。例如，不要出现讨论 A 方案与 B 方案哪个更好之类的问题。

四是不要将两个或两个以上的议题同时拿出来讨论。主持人要对那些首次参加头脑风暴会议的人给予关注，让新参加者熟悉该类会议的特点，并能遵守基本规则。

第二，“停停走走”是头脑风暴法两个常用技巧之一，即用 3 分钟提出设想，然后用5分钟进行思考，接着用3分钟提出设想……这样3分钟与5分钟过程反复交替，形成有行有停的节奏。

第三，“一个接一个”是头脑风暴法一个常用的技巧。与会者根据座位的顺序一个一个提出观点，如果轮到的人没有新构想就跳到下一个人，如此循环，直至会议结束。

第四，参加会议的成员应当定期更换，应在不同部门、不同领域挑选不同的人参加，这样才能防止群体形成固定的思维方式。

第五，参加会议成员的构成应当考虑性别和年龄搭配的比例，适当的比例会极大地提高产生构想的数目。

第二节　综摄法

一、综摄法的含义

综摄法是指不同性格、不同专业的人员组成精干的创新小组，针对某个问题，用分析的方法深入了解问题，查明问题的各个方面和主要细节，通过自由的亲身模拟、比喻和象征模拟等综合模拟，进行创造性思考，重新理解问题，阐明新观点等，即变熟悉为陌生，最终获得解决问题的方法。

综摄法的要点是把表面上看起来不同而实际上有联系的要素综合起来。它是一种集体创造技法，一般由主持人、该问题的专家以及各种专业领域的成员共同实施。应用该方法需要有丰富的经验，因此，必须对应用综摄法的人员进行培训。

二、综摄法的5个基本假定

综摄法是建立在以下5个基本假定之上的。

一是每个人都有潜在的创造力。

二是通过特定人的创造现象可以描述出共同的心理过程。

三是在创造过程中，感情的非理性因素比理性因素更为重要。

四是创造中的心理过程能用适当的方法加以训练和控制。

五是集体的创造过程可以模拟个人的创造过程。

综摄法是采取自由运用比喻和模拟方式进行非正式交换意见与创造性思考，从而促使萌发各种设想的一种集体创造技法。这种技法有两项基本原则，见表 3－1。

表 3－1　综摄法应用实例

序号	原则	实例
1	同质异化。即对现有的各种发明，积极运用新的知识或从新的角度来加以观察、分析和处理，从而产生创造性成果	例如，电子计时笔。电子表主要用于计时，笔用于书写，这两者从表面看好像毫无关系，但实质上有一种潜在的联系。因为用笔书写时，往往会想到写了多长时间了，写到什么时候为止，或者是从什么时候开始写的等，因此制作者就把这两者的长处综合在一起，将电子表装在笔杆中，电子计时笔就诞生了
2	异质同化。即在创造发明不熟悉的新东西的时候，可以借用现有的熟悉的知识来进行分析研究，启发出新设想来	例如，脱粒机。脱粒机发明以前，谁也没见过这种机械。脱粒机的作用是将稻草和稻谷分开，分开的方法有用手分开，用木片把稻谷从稻草上刮下来等。后有人发现用雨伞尖顶冲撞稻穗可以把稻谷从稻禾上分开，根据这个发现，制作者制成了这种带尖刺的滚筒状脱粒机

三、综摄法的操作步骤

（一）准备阶段

第一步，确定会议室和会议时间。

第二步，确定与会者，约 10 名。与会者可以为不同专业的研究人员，但必须是内行。

第三步，主持人应具备使用本方法的一切常识及细节问题，如 2 大思考原则、4 种模拟技巧、实施要点等。

（二）实施阶段

第一步，主持人向与会者介绍本方法的大意、实施概要以及模拟技巧、思考方式等。

第二步，主持人先不公开议题，而介绍与研究课题有关的更广泛的资料，引导与会者进行讨论，启发他们的灵感。

第三步，当讨论涉及解决问题时，主持人再明确提出来，并要求与会者按 2 大思考原则和 4 种模拟技巧积极构思解决问题的方案。

第四步，整理综合各种方案，寻找出最佳方案。

第三节　形态分析法

一、背景起源

20 世纪 40 年代，出现了一种基于系统式查找可能解决方案的方法，即形态分析法。

形态分析法是一种以系统论的观点看待事物的创新思维方法，这种方法是由美国科学家茨维基创建的。利用它可以对解决方案的可能前景进行系统的分析。

第二次世界大战期间，茨维基参加了美网火箭研制小组。他把数学中常用的排列组合原理应用于新颖技术方案的设计中。他将火箭的各个主要部件可能具有的各种形态进行了不同的组合，得到了令人惊奇的结果，他在一周之内交出了 576 种不同的火箭设计方案，其中几乎包括了当时所有的制造火箭的可能设计方案。后来才知道，就连美国情报局挖空心思都没能弄到手的德国正在研制的带脉冲发动机的 F－1型和 F－2 型导弹的设计方案也包括在其中。于是，茨维基的才能受到人们的关注。1948 年，茨维基发表了他的构思技巧形态分析法。

形态分析法首先把研究的对象或问题分为一些基本组成部分；然后，对每一个基本组成部分单独地进行处理，分别提出解决问题的办法或方案；最后，通过不同的组合，形成若干个解决整个问题的总体方案。

因素和形态是运用形态分析法时要用到的两个非常重要的基本概念。所谓因素，就是指构成某种事物各种功能的特性因子。所谓形态，是指实现事物各种功能的技术手段。

二、形态分析法的操作步骤

茨维基把形态分析法分为 5 个步骤。

第一步，明确地提出问题，并加以解释。

第二步，把问题分解成若干个基本组成部分，每个部分都有明确的定义，并且有其特性。

第三步，建立一个包含所有基本组成部分的多维矩阵（形态模型），在这个矩阵中应包含所有可能的总的解决方案。

第四步，检查这个矩阵中所有的总的解决方案是否可行，并加以分析和评价。

第五步，对各个可行的总的解决方案进行比较，从中选出一个最佳的总的解决方案。

此法最大的优点是适合对一项“未来技术”（形态模型中的一个总的解决方案）进行可行性分析，不足是当组合个数过多时，即总的解决方案的个数太多时，第四步的可行性研究就比较困难。这种方法既可用来探索新技术，也可以估计出实现新技术的可能性，为探索未来描绘出一幅清晰的蓝图。

第四节 信息交合法

一、信息交合法的含义

信息交合法又称要素标的发明法，或信息反应场法。信息交合法是一种在信息交合中进行创新的思维技巧，即把物体的总体信息分解成若干个要素，然后把这种物体与人类各种实践活动相关的用途进行要素分解，把 2 种信息要素用坐标法连成信息标 x 轴与 y 轴，两轴垂直相交，构成“信息反应场”，每个轴上各点的信息可以依次与另一轴上的信息交合，从而产生新的信息。

二、公理和定理

信息交合法有 2 个公理和 3 个定理。它们是应用信息交合法的基础，指导人们如何运用该方法进行创新思考。

第一个公理：不同信息的交合可产生新信息。

第二个公理：不同联系的交合可产生新联系。

第一个定理：心理世界的构象即人脑中勾勒的映象，由信息和联系组成。该定理表明：其一，不同信息、相同联系可以产生构象，如轮子与喇叭是两个不同信息，但交合在一起组成了汽车，轮子可行走，喇叭则发出声音表示提示或警告；其二，相同信息、不同联系可以产生构象，如同样是灯，可吊、可挂、可随身携带（手电筒），也可做成无影灯；其三，不同信息、不同联系也可以产生构象，如独轮自行车本来与球、碗、勺没有必然联系，但杂技演员将它们交合在一起，构成了杂技节目这一物象。

第二个定理：新信息、新联系在相互作用中产生。没有相互作用就不能产生新信息、新联系，所以相互作用（一定条件）是中介。有了这种条件，任何的信息均可以进行联系。例如，手杖与枪是风马牛不相及的不同信息，但是，在战争范畴（一定条件）内，则可以交合为“手杖式枪支”。

第三个定理：具体的信息和联系均有一定的时空限制性。

以上公理和定理告诉我们，世界是相互联系的，而信息则是联系的印记。在联系的相互作用中，不断地产生着新信息、新联系。同时也告诉我们，任何事物均有一定的条件限制。信息交合法也不是万能的，它只不过是一种较有实用价值的思维技巧。它不可能取代所有的人类的思维技巧，更不可能取代人类的任何思维活动。

第五节 5W2H 法

一、5W2H 法的含义

5W2H 法因简单、方便、易于理解、实用、富有启发意义，而被广泛用于企业管理和技术活动中。该方法对于决策和执行性的活动措施非常有帮助，也有助于弥补考虑问题的疏漏。

5W2H 分析法又称七问分析法，它以 5 个“W”开头的英文单词和 2 个“H”开头的英文单词进行提问，通过提问探索的方式来解决问题。其主要构成如下。

Why——为什么？为什么要这么做？

What——是什么？目的是什么？做什么工作？

Who——谁？由谁来承担？

When——何时？什么时候开始？什么时间完成？什么时机最适宜？

Where——何处？在哪里做？从哪里入手？

How to——怎么做？如何提高效率？如何实施？用什么方法？

How much——需要多少费用？做到什么程度？数量如何？质量水平如何？费用产出如何？

二、5W2H 法的操作示例

（一）检查原产品的合理性

1. 为什么（Why）？

为什么采用这个技术参数？为什么不能有响声？为什么停用？为什么变成红色？为什么要做成这个形状？为什么采用机器代替人力？为什么产品的制造要经过这么多环节？为什么非做不可？

2. 是什么（What）？

条件是什么？哪一部分工作要做？目的是什么？重点是什么？与什么有关系？功能是什么？规范是什么？工作对象是什么？

3. 谁（Who）？

谁来做最方便？谁会生产？谁可以办？谁是顾客？谁被忽略了？谁是决策人？谁会受益？

4. 何时（When）？

何时完成？何时安装？何时销售？何时是最佳营业时间？何时工作人员容易疲劳？何时产量最高？需要几天才算合理？

5. 何处（Where）？

何地最适宜某物生长？何处生产最经济？从何处买？还有什么地方可以做销售点？安装在什么地方最合适？何地有资源？

6. 怎么做（How to）？

怎么做省力？怎么做最快？怎么做效率最高？怎么改进？怎么得到？怎么避免失败？怎么求得发展？怎么增加销路？怎么达到效果？怎么才能使产品更加美观大方？怎么使产品用起来更方便？

7. 多少（How much）？

功能指标达到多少？销售多少？成本多少？输出功率多少？效率多高？尺寸多少？重量多少？

（二）找出主要优缺点

如果现行的做法或产品经过上述 7 类问题的审核已无懈可击，便可认为这一做法或产品可取。如果 7 类问题中有答复不能令人满意的，则表示这方面有改进余地。如果哪方面的答复有独创性的优点，则可以扩大产品这方面的效用。

（三）决定设计新产品

克服原产品的缺点，扩大原产品独特优点的效用。

第六节 奥斯本检核表法

一、奥斯本检核表法的含义

奥斯本检核表法是利用检核表来提炼创意的方法，主要用于新产品的研制和开发。所谓检核表，是指根据需要研究的对象的特点列出相关问题，所形成的列表。通过对表中的问题逐个核对和讨论，从而发掘出解决问题的大量设想。

奥斯本检核表法中的问题可归纳为 9 组提问，即 9 大检核类别，其核心是改进。9 大检核类别分别是能否他用、能否借用、能否扩大、能否缩小、能否改变、能否代用、能否调整、能否颠倒、能否组合。具体内容见表 3－2。

表 3－2 奥斯本检核表

序号	检核类别	检核内容
1	能否他用	现有的东西（如发明、材料、方法等）有无其他用途？保持原状不变，能否增加用途？稍加改变，有无别的用途？
2	能否借用	能否从别处得到启发？能否借用别处的经验或发明？外界有无相似的想法，能否借鉴？过去有无类似的东西，有什么东西可供模仿？现有的发明能否引入其他的创造性设想之中？
3	能否扩大	现有的东西能否扩大使用范围？能否增加一些东西？能否添加部件、增多时间、增加长度、提高强度、延长使用寿命、提高价值、加快转速？
4	能否缩小	现有的东西能否缩小体积、减轻重量、降低高度，或压缩、变薄？能否省略？能否进一步细分？
5	能否改变	现有的东西能否做某些改变？能否改变一下形状、颜色、音响、味道？能否改变一下意义、型号、模具、运动形式？改变之后效果又将如何？
6	能否代用	能否由别的东西代替，或由别人代替？能否用别的材料、零件？能否用别的方法、工艺？能否用别的能源？能否选取其他地点的原料？

续表

序号	检核类别	检核内容
7	能否调整	能否调换一下先后顺序？能否调换元件、部件？能否用其他型号？能否改成另一种安排方式？原因与结果能否对换位置？能否变换一下日程？
8	能否颠倒	上下、左右、前后、里外、正反能否调换位置？能否用否定代替肯定？
9	能否组合	能否装配成一个系统？能否把不同目的进行整合？能否将各种想法进行综合？能否把各种部件进行组合？

二、奥斯本检核表法的优势

奥斯本检核表法是一种具有较强启发创新思维的方法。这是因为它强制人去思考，有利于突破一些人不愿提问题或不善于提问题的心理障碍。提问，尤其是提出有见地的新问题本身就是一种创新。它又是一种多向发散的思考，使人的思维角度、思维目标更丰富。另外，该方法提供了创新活动最基本的思路，可以使创新者尽快集中精力，朝提示的目标方向去构想、去创造、去创新。奥斯本检核表法有利于激发创新思维，因为创新发明的最大敌人是思维的惰性。大部分人总是自觉或不自觉地沿着长期形成的思维模式来看待事物，对问题不敏感，即使看出了事物的缺陷和毛病，也懒于去进一步思索，不爱动脑筋，不进行积极的思考，因而难以有所创新。因为检核表法的设计特点之一是多向思维，用多条道路提示引导人们去发散思考。如奥斯本创造的检核表法中有 9 个问题，就好像有 9 个人从 9 个角度帮助思考。可以把 9 个思考点都试一试，也可以从中挑选一两个集中精力深思。该方法使人们突破了不愿提问或不善提问的心理障碍，在进行逐项检核时，强迫人们扩展思维，突破旧的思维框架，开拓新的思路，有利于提高创新的成功率。

利用奥斯本检核表法，可以产生大量的原始思路和原始创意，它对人们的发散思维有很大的启发作用。当然，运用此方法时还要注意几个问题，要和具体的知识经验相结合。该方法只是提示了思考的一般角度和思路，思路的发展还要依赖人们的具体思考。运用此方法，还要结合改进对象（方案或产品）来进行思考。运用此方法，还可以自行设计大量的问题来提问。提出的问题越新颖，得到的结论越有创意。

奥斯本检核表法的优点很突出，它使思考问题的角度具体化了。但它也有缺点，就是它是改进型的创意产生方法，必须先选定一个有待改进的对象，然后在此基础上设法加以改进。它不是原创型的方法，但有时候也能够产生原创型的创意。例如，把一个产品的原理引入另一个领域，就可能产生原创型的创意。

三、奥斯本检核表法的操作步骤

奥斯本检核表法的核心是改进，或者说，关键词是改进。通过变化来改进，其操作步骤如下。

第一步，根据创新对象明确需要解决的问题。

第二步，根据需要解决的问题，参照表中列出的问题，运用丰富的想象力，强制性地一个个核对、讨论，写出新设想。

第三步，对新设想进行筛选，将最有价值和创新性的设想筛选出来。

在操作过程中，应注意以下几条。

一是要联系实际一条一条地进行检核，不要有遗漏。

二是多检核几遍效果会更好，或许会更准确地选出所需创新、发明的方案。

三是在检核每项内容时，要尽可能地发挥自己的想象力和联想力，产生更多的创造性设想。进行检索思考时，可以将每大类问题作为一种单独的创新方法来运用。

四是检核方式可根据需要使用，可以 1 人单独检核，也可以 3 ~ 8 人集体检核。集体核检可以互相激励，产生头脑风暴，更有希望实现创新。

四、奥斯本检核表法的操作示例

奥斯本检核表法属于横向思维，以直观、直接的方式激发思维活动，操作十分方便，效果也相当好。

下述 9 组问题对于任何领域创造性地解决问题都是适用的，这些问题不是奥斯本凭空想象的，而是他在研究和总结大量近现代科学发现、发明、创造事例的基础上归纳出来的。

（一）能否他用

人们从事创造活动时，往往沿这样两条途径：一条是当某个目标确定后，沿着从目标到方法的途径，根据目标找出达到目标的方法；另一条则相反，首先发现一种事实，然后想象这一事实能起什么作用，即从方法入手将思维引向目标。后一条途径是人们最常用的，而且随着科学技术的发展，这条途径将越来越广泛地得到应用。

一直思考某个东西“还能有其他什么用途?”“还能用其他什么方法使用它?”

能使想象活跃起来。当拥有某种材料，为扩大它的用途、打开它的市场，就必须善于进行这种思考。德国有人想出了300种利用花生的实用方法，仅仅用于烹调，就想出了100多种方法。橡胶有什么用处？有家公司提出了成千上万种设想，如用它制成床毯、浴盆、人行道边饰、衣夹、鸟笼、门扶手、棺材、墓碑，等等。炉渣有什么用处？废料有什么用处？边角料有什么用处？当人们将自己的想象投入这条广阔的“高速公路”上就会以丰富的想象力产生更多的好设想。

（二）能否借用

当伦琴发现“X光”时，并没有预见到这种射线的任何用途。因而当他发现“X光”具有广泛用途时，感到很吃惊。通过联想借鉴，现在人们不仅用“X光”来治疗疾病，外科医生还用它来观察人体的内部情况。同样，电灯在开始时只用来照明，后来，改进了光线的波长，发明了紫外线灯、红外线加热灯、灭菌灯，等等。科学技术的重大进步不仅表现在某些科学技术难题的突破上，也表现在科学技术成果的推广应用上。一种新产品、新工艺、新材料，必将随着它越来越多的新应用而显示其生命力。

（三）能否扩大

在自我发问的技巧中，研究“再多些”与“再少些”这类有关联的成分，能给想象提供大量的构思设想。使用加法和乘法，便可能使人们扩大探索的领域。

“为什么不用更大的包装呢？”——橡胶工厂大量使用的黏合剂通常装在一加仑的马口铁桶中出售，使用后便扔掉。有位工人建议黏合剂装在50加仑的容器内，容器可反复使用，节省了大量马口铁。

“能使之加固吗？”——织袜厂通过加固袜头和袜跟，使袜子的销售量大增。

“能改变一下成分吗？”——牙膏中加入某种配料，成了具有某种附加功能的牙膏。

（四）能否缩小

前面一条沿着“能否扩大”“借助于增加”通往新设想的渠道，这一条则是沿留“能否缩小”的途径来寻找新设想。例如，袖珍式收音机、微型计算机、折叠伞等就是缩小的产物，没有内胎的轮胎、尽可能删去细节的漫画就是省略的结果。

（五）能否改变

例如汽车，有时改变一下车身的颜色，就会增加汽车的美感，从而增加销售量。又如面包，给它裹上一层芳香的包装，就能提高嗅觉诱力。据说妇女用的游泳衣是婴儿衣服的模仿品，而滚柱轴承改成滚珠轴承就是改变形状的结果。

（六）能否代用

例如用液压传动来替代金属齿轮，又如用充氩的办法来代替电灯泡中的真空，使钨丝灯泡提高亮度。通过取代、替换的途径也可以为想象提供广阔的探索领域。

（七）能否调整

重新调整通常会带来很多的创造性设想。飞机诞生的初期，螺旋桨安排在头部，后来，将它装到了顶部，成了直升机，喷气式飞机则把它安放在尾部，说明通过重新安排可以产生种种创造性设想。商店柜台的重新安排，营业时间的合理调整，电视节目的顺序安排，机器设备的布局调整，都有可能产生更好的结果。

（八）能否颠倒

这是一种反向思维的方法，它在创造活动中是一种颇为常见和有用的思维方法。在第一次世界大战期间，有人就曾运用这种“颠倒”的设想建造舰船，建造速度也有了显著的加快。

（九）能否组合

例如，把铅笔和橡皮组合在一起成为带橡皮的铅笔，把几种部件组合在一起变成组合机床，把几种金属组合在一起变成种种性能不同的合金，把几件材料组合在一起制成复合材料，把几个企业组合在一起构成横向联合。

应用奥斯本检核表是一种强制性思考过程，有利于突破不愿提问的心理障碍。很多时候，善于提问本身就是一种创造。

第七节　TRIZ——发明问题解决理论

一、起源背景

（一）TRIZ 之父

TRIZ 之父根里奇·阿奇舒勒，1926 年 10 月出生于苏联北部城市塔什干。由于卓越的发明才能，阿奇舒勒进入了海军的专利评审机构进行专利的评审工作。在研究了成千上万项发明专利后，他于 1946 年总结、归纳提出了发明背后所隐藏的规律，为 TRIZ 理论的建立打下了基础。为了检验自己的理论，他做出了很多项军事发明，获得了苏联发明专利。阿奇舒勒于 1956 年发表了第一篇有关 TRIZ 理论的论文，于 1961 年出版了第一本有关 TRIZ 理论的著作《怎样学会发明创造》。1970 年，他创办了一所进行 TRIZ 理论的研究和推广的学校，后来培养了很多 TRIZ 应用方面的专家。从 1985 年开始，早期的 TRIZ 专家中的一部分人移居到欧美，他们将 TRIZ 理论与当时先进的计算机信息技术相结合，促进了 TRIZ 理论在全世界范围内的传播。1989 年，阿奇舒勒集合了当时世界上数十位 TRIZ 专家，在彼得罗扎沃茨克建立了国际 TRIZ 协会，阿奇舒勒担任首届主席。国际 TRIZ 协会从建立至今一直是 TRIZ 理论最权威的学术研究机构。

（二）TRIZ 理论的诞生

TRIZ 的提出源于以下认识：大量发明面临的基本问题和矛盾（TRIZ 称之为技术冲突和物理冲突）是相同的，只是技术领域不同而已。同样的技术发明和相应的解决方案一次次地在后来的发明中被重新使用。将这些有关的知识进行提炼和重新组织，形成一种系统化的理论知识，就可以指导后来者的发明创造和创新。TRIZ 理论体系打破了人们思考问题的惰性和片面性的制约，避免了创新过程中的盲目性和局限性，明确指出了解决问题的方法和途径。

1946 年，以阿奇舒勒为首的专家经过几十年的收集整理、归纳提炼，发现技术系统的开发创新是有规律可循的，并在此基础上建立了一整套体系化的、实用的解决发明创造问题的方法。可以说，TRIZ 理论是人类已有科技知识与创新思维规律、方法的完美结合。它是对人类创新活动、规律和原理更深入和系统的揭示，为更好地创新提供了坚实的理论和方法基础，是认识和推动人类创新活动的一个突破性成果。TRIZ 理论是基于知识的、面向人类解决发明问题的系统化方法学。

（三）TRIZ 理论的重要发现

在技术发展的历史长河中，人类已完成了许多产品的发明创造，设计人员或发明家已经积累了很多发明创造的经验。阿奇舒勒经研究发现：在以往不同领域的发明中所用到的原理（方法）并不多，不同时代的发明、不同领域的发明，应用的原理（方法）被反复利用；每条发明原理（方法）并不限定应用于某一特殊领域，而是融合了物理的、化学的和几何学领域的原理，这些原理适用于不同领域的发明创造和创新；类似的冲突或问题与该问题的解决原理在不同的工业及科学领域交替出现；技术系统进化的模式（规律或路线）在不同的工程及科学领域交替出现，创新所依据的科学原理往往来自其他领域。

（四）TRIZ 理论的核心思想

TRIZ 理论的核心思想是技术进化原理，主要体现在以下 3 个方面。

一是无论是一个简单的产品还是复杂的技术系统，其核心技术的发展都是遵循着客观规律发展演变的，即具有客观的进化规律和模式。

二是各种技术冲突、难题或矛盾的不断解决是推动这种进化过程的原动力。

三是技术系统发展的理想状态是用尽量少的资源实现尽可能多的功能。

二、TRIZ 理论的主要内容

创新从最通俗的意义上讲就是创造性地发现问题和解决问题的过程。TRIZ 理论的强大作用正在于它为人们创造性地发现问题和解决问题提供了系统的理论、方法和工具。TRIZ 理论体系主要包括以下几个方面的内容。

（一）发明问题的情景分析方法

TRIZ 理论中提供了如何系统分析问题的科学方法，如发明问题的情景分析、资源利用、理想化方法、多屏幕法等。而对于复杂问题的分析，则包含了科学的问题分析建模方法——物场分析法。它可以帮助快速确认核心问题，发现根本矛盾所在，从源头发现问题、分析问题和解决问题。

（二）技术系统进化法则

针对技术系统进化演变规律，在大量专利分析的基础上 TRIZ 理论总结提炼出技术成熟度预测方法和 8 个基本进化法则。利用这些预测方法和进化法则，可以分析确认当前产品的技术状态，从原理和核心技术层面实现突破，开发富有竞争力的新产品，并预测未来产品或技术的可能发展趋势。

（三）物理冲突和技术冲突解决原理

不同的发明创造往往遵循共同的解决问题的规律，TRIZ 理论将这些共同的规律归纳成 40 个发明创造原理。针对具体的物理冲突或技术冲突，基于这些发明创造原理，运用冲突矩阵等方法，结合工程实际可以快速有效地寻求具体的问题解决方案（概念解）。

（四）发明问题标准解法

通过构建系统的物—场模型，使创新问题模型化。针对具体物—场模型的特征，分别对应有标准的发明问题模型解决方法，包括模型的修整、转换，物质与场的添加等，TRIZ 理论提出了针对物—场模型的解决方案，即 76 种标准解。

（五）发明问题解决程序

发明问题解决程序是指人们解决发明问题时应遵循的思想、方法，依据的计划、步骤。TRIZ 理论主要是针对复杂的问题、冲突及其相关部件不明确的技术系统。它是一个对初始问题进行一系列变形及再定义等非计算性的逻辑分析过程，实现对问题的逐步深入分析，使问题转化，直至问题解决。

（六）效应知识库

TRIZ 理论中基于物理、化学、几何学等领域的原理和数百万项发明专利的分析结果而构建的效应知识库，可以为技术创新提供丰富的方案来源。

TRIZ 理论是解决发明创造问题的强有力的方法学，是一套有科学依据的行之有效的解决发明创造问题的工具。TRIZ 理论犹如一个导航系统，引导和控制发明创造的方向与过程，通过提供一系列的普适解锁定技术突破的方向，快速找到可能的概念解或原理解，大大缩小探求和搜索的范围，避免试错法带来的资源浪费和低效。

三、TRIZ 理论的实践应用

TRIZ 理论源于技术领域，并广泛应用于工程技术领域，90% 以上的世界 500 强企业都会应用 TRIZ 理论解决遇到的各种技术冲突。TRIZ 理论可以培养创新能力、提高创新意识、增加竞争潜力。针对企业技术方面的具体问题，TRIZ 理论的应用可以实现树立全员创新理念，克服传统的思维定式，使新产品研发在原理、工艺、材料等方面实现新突破，使研发的新产品避开竞争对手的专利，获得能增加市场占有率的专利，在自己现有技术范围内创建专利保护伞产品的技术成熟度预测，预测下一代产品的技术发展方向，提升产品的技术等级，也会缩短研发时间和降低成本。

罗克韦尔公司针对某汽车品牌的刹车系统，用 TRIZ 理论进行了创新设计。通过 TRIZ 理论的应用，其刹车系统发生了重要的变化，系统由原来的 12 个零件缩减为 4 个，成本减少 50%，但刹车系统的功能却没有受到影响。

福特公司遇到了推力轴承在大负荷时出现偏移的问题，通过应用 TRIZ 理论，产生了 28 个新的概念解（冲突的解决方案），其中一个非常吸引人的新概念解是利用小热膨胀系数的材料制造这种轴承，以克服上述问题。最后，该公司很好地解决了推力轴承在大负荷时出现偏移的问题。

韩国的三星公司自 1997 年以来，在企业内部大力推广、普及和应用 TRIZ 理论，将 TRIZ 理论与其他先进的科学技术和现代的管理技术有机结合，使企业的综合创新能力发生了巨大的变化。

TRIZ 理论已逐步由原来擅长的工程技术领域向自然科学、社会科学、管理科学、生物科学等领域发展。现已总结出了 40 条发明创造原理在工业、建筑、微电子、化学、生物学、社会学、医疗、食品、商业、教育应用的实例，用于指导解决各领域遇到的问题。

TRIZ 理论试图揭示并告诉人们，创新不是毫无根据的灵感突发和灵光一现，创新是人与技术依据某些规律相互作用的结果，可以通过 TRIZ 理论、方法和工具的应用把创新过程逐步细化和具体化。遵循相关步骤或规律，每个人都能够利用创新原理解决遇到的问题。创新是一种人类与生俱来的能力，它会随着年龄的增加而逐渐被埋没，但却又能在后天被重新激发出来。而 TRIZ 理论恰恰可以调动和激发人的创造能力，是被实践所证明的一种行之有效的工具。总之，创新是有规律可循的，掌握了这些规律就可以快速有效地解决问题。

第四章　大学生创业者、创业团队与创业调研方案

第一节　大学生创业者概述

一、创业者和大学生创业者的定义

大量的中外学者都曾对“创业者”一词进行过解读，其定义经历了一个不断演变的过程。

创业者的英文单词是“entrepreneur”。其有两个基本含义：一是指企业家，即在现有企业中负责经营和决策的领导人；二是指创始人，通常理解为即将创办新企业或者是刚刚创办新企业的领导人。因此，在欧美学术界和企业界，创业者被定义为组织、管理一个生意或企业并承担其风险的人。

法国经济学家理查德·坎蒂隆首次将创业者的概念引入经济学领域。1880 年，法国经济学家让·巴蒂斯特·萨伊首次给创业者做出定义，他将创业者描述为“将经济资源从生产率较低的区域转移到生产率较高的区域的人”，并且认为创业者是经济活动过程中的代理人。美籍奥地利经济学家约瑟夫·熊彼特认为，创业者应该是创新者，具有发现和引入新的、更好的、能赚钱的产品、服务和过程的能力。

在《辞海》中，对“创业”一词的解释为“创立基业”，如《孟子·梁惠王下》中记载：“君子创业垂统，为可继也。”《辞海》对“者”的解释为“人或事物的代称”。因此，延伸到经济领域，创业者的解释应该是“创立新企业的人”。

学者张世平认为，创业者是一种主导劳动方式的领导人，是一种具有使命、荣誉、责任能力的人，是一种组织和运用服务、技术、器物作业的人，是一种具有思

考、推理、判断的人，是一种能使人追随并在追随的过程中获得利益的人，是一种具有完全权利能力和行为能力的人。

具体到大学生这一群体来说，大学生创业者是指有理想、有胆识，利用自己的知识、才能和技术，以自筹资金、技术入股、寻求合作等方式主动参与社会竞争，创立新的企业，为自己、为社会创造就业机会的人。他们或为仍处于高等教育阶段的在校学生，或毕业时间较短的应届毕业生，是以创新创业为目标，通过整合资源、承担风险，开展商业活动或创造社会价值的群体。

综合上述内容，可以将创业者定义为发现某种信息、资源、机会或掌握某种技术，能够利用或借用相应的平台或载体，将其发现的信息、资源、机会或掌握的技术，以一定的方式，转化、创造出更多的财富、价值，并实现某种追求或目标的人。

二、创业者的类型

（一）根据创业者创业特点的不同划分

根据创业者创业特点的不同，可以将创业者分为以下 4 种类型。

1. 生产型创业者

生产型创业者是指那些以生产技术为主体，通过创办企业推出新产品的创业者。这类创业者推出的产品往往有一定科技含量。例如，1993 年，傅利泉“下海”创业，在杭州一个小学的校办工厂内成立大华电讯设备厂，从事调度通信设备的研发和销售。随着社会需求的改变和通信技术的进步，他敏锐地意识到调度通信领域的市场份额逐渐缩小，于是带领企业转型进入安防领域，自主研发了业内第一台音视频同步的 8 路嵌入式硬盘录像机。如今，大华股份在他的带领下再次布局智慧物联赛道。

2. 管理型创业者

管理型创业者是指那些综合能力较强的创业者。这类创业者不仅熟悉专业知识，而且对企业管理和运作也十分精通，能够通过各种有效的企业管理手段推动企业不断发展。例如，华为公司的任正非对管理的认知极其深刻，他把华为公司的十几万员工拧成一股绳，朝一个目标共同奋斗，最终使华为成长为我国优秀的民营企业。

3. 市场型创业者

市场型创业者是指那些注重市场，善于把握机会的创业者。改革开放以来，涌现出了大批的市场型创业者。例如，海尔集团总裁张瑞敏为企业制定的第一个发展战略就是名牌战略，通过砸毁 76 台有缺陷的冰箱，在市场上建立了极高的知名度，一举打响了海尔的品牌。

4. 科技型创业者

科技型创业者是指那些以高科技为依托创办企业的创业者。一般而言，投身创业浪潮的科研人员有两类：一是曾在企业里积累较多研发工作经验的“实战派”；二是任职于高校和科研机构，做出了一定的科研成果从而谋求转化的“学院派”。在中央电视台 2025 年春节联欢晚会上，一群高调亮相的花棉袄机器人一出场就吸引了所有人的目光。这群机器人背后的研发企业便是在四足机器人领域最知名的公司之一宇树科技，其首席执行官便是上海大学 2016 届校友王兴兴。早在上海大学读研期间，王兴兴就着手小型化电动四足机器人的研制。2016 年 6 月刚从上海大学毕业不久的王兴兴获得天使轮融资，自此创立宇树科技。

（二）根据创业者创业目标的不同划分

根据创业者创业目标的不同，可以将创业者分为以下 3 种类型。

1. 谋生型创业者

谋生型创业者主要是迫于生活的压力或为了改善自己的生活条件，从创办一个规模较小的实体企业开始的。这类创业者是目前我国数量最大的一批创业人群。他们绝大部分是以较少资金起步的，创业范围一般多为商业贸易领域，也有少数从事实业，但基本上是规模较小的加工业。

2. 事业型创业者

事业型创业者把实现自己的人生理想作为创业目标，把创业当作自己毕生的事业。这类创业者成就意识很强，不甘于为别人打工，愿意为理想放弃一份稳定的工作。他们之所以选择自主创业，是希望通过这一途径来证明自己的能力，实现自我价值，得到社会的认可。这类创业者往往在有一定的经济基础，经历市场和社会的磨炼之后，更加明确自己的人生追求。

3. 投资型创业者

投资型创业者是已经拥有了一定的经济基础与实力，为了获得更大的经济回报而进行创业的人群。这类创业者往往会在适当的机会创业，将自己过去的经济基础与实力变现，将无形的资源变为有形的货币。

三、创业者的创业动机

（一）创业动机的概念

创业动机又被称为内驱力，是创业者愿意冒着各种风险去创立新的企业的激励因素，是直接推动创业者实现某个目标的内部驱动力，是鼓励和引导创业者为实现创业成功而行动的内在力量，其表现形式有愿望、信念、理想等。

创业活动是由多种因素共同作用促成的，创业者的创业动机不仅是区分创业者和潜在创业者的重要标志之一，还是整个创业活动的“动力系统”。创业动机能激发和维持创业者从事创业活动的内在动力，并促使创业活动朝既定的目标前进。

在创业过程中，目标或需要产生后，这种目标或需要就会转化为动机，推动创业者产生创业行为，实现创业目标。当某种创业刺激使创业者产生某种需要而又不能得到满足时，就会产生一系列的心理状态，如紧张、不安或兴奋，而这些心理状态会推动人们朝着创业目标前进。同时，在创业过程中遇到问题或困难时，这些创业需要会转化成动力，推动创业过程的进行。这就是创业动机在创业活动中发挥作用的表现。

（二）创业动机的分类

不同学历、性别、成长环境和职场境遇的创业者，其创业动机存在着显著差异。各类群体的创业动机往往都有一定的特殊性，归纳起来创业动机主要有以下几种类型。

1. 迫于生存需要

迫于生存需要而创业的人主要包括一些失业人员以及缺乏学历和人脉等资源的人群。

例如，一些失业人员为了解决生存需求，会选择技术门槛较低、资金成本较少的创业领域进行个体经营。这一类型的创业者在企业经营和发展稳定的情况下，很少有进一步开拓事业的动力。

又如，一些大学生依靠现有的政策和资源（如国家的助学贷款、奖学金制度），解决了部分学习、生活费用后，为了进一步减轻经济负担，同时顺利完成学业，会利用课余时间从事创业活动。也有一些大学生虽然没有经济上的困难，但是主动要求独立承担自己的学习、生活费用，在这些大学生中也产生了一定数量的创业先行者。这部分大学生创业者通常都以学习和积累经验为主要目的，从事一些投入时间、精力较少的行业，对经济回报要求较低。

在创业的过程中，一部分具有创业素质的大学生创业者可能会因发现更大的商机而真正走向创业的道路；也有一部分大学生创业者会在满足了基本的经济需求后放弃创业，继续学业或选择求职解决就业问题。

2. 积累的需要

一部分创业者为了增加自己的实践经验，丰富自己的社会阅历，提升自己的综合素质，实现自己的某个目标而提前做好经济准备，或者是为了自己以后的发展，在条件成熟的情况下选择创业的道路。这一类型的创业者往往以锻炼个人能力为目的，承受失败的能力较强。同时，由于压力较小，失败和半途而废的比例也较高。

3. 自我实现的需求

心理学家亚伯拉罕·马斯洛在他的需求层次理论中指出，人的最高层次的需求是自我实现的需求。同样，自我实现也是创业者最高层级的目标。在创业中，强烈的自我实现需求是促进创业者不断努力、不断奋斗的源泉。可以说，具有较强的自我实现的需求是创业者必备的素质之一。

事实上，只有自我意识强烈的人，才会努力拼搏闯出一番事业。这样的人不会满足于上司与长辈的赞赏，他们会为自己打分，也就是进行自我评价与反思。人一旦懂得反思，就会要求使自己存在的价值最大化。在这个时候，就有一部分人会选择创业。

4. 较好的自我效能感

自我效能感是指个体对自己是否有能力完成某一行为所进行的推测与判断。自我效能感决定人们对行为的选择及对该行为的坚持性，同时还能影响人们在困难面前的态度、情绪及行为习惯。较好的自我效能感使创业者在创业过程中相信自己能够在特定情境下成功完成自己创业的目标。大学生在创业过程中的自我效能感可以分为以下两类。

（1）与创业内容相关的自我效能感，即成功组织和实施创业相关行为的信念。

（2）与创业行为过程相关的自我效能感，即人们完成有关创业过程，实现行为目标的信念。

可以说，创业的信念包括所有对创业所需知识和能力的信念。大学生创业者的自我效能感表明了个体相信自己能够成功地扮演各种创业角色，并能完成各项创业任务的信念强度。创业的自我效能感是与创业动机和行为最为密切的一个要素，它能在与环境的交互作用过程中不断获取、减弱或增强，并受到社会环境、组织文化等因素的影响。

5. 强烈的成功欲望和较高的抱负水平

哲学家苏格拉底曾经说过："要成功，你必须先有强烈的成功欲望，就像你有强烈的求生欲望一样。"抱负水平是个人为了自身未来的发展所制定的标准和要求，它与人的理想、信念、成就动机等密不可分。有的人可能满足于吃好穿好，或生活上比别人强一些。而有较高抱负的人会追求一种从社会角度来说有价值、有意义的人生。

成功欲太弱、抱负水平较低的创业者，会因无法面对残酷的现实或自身缺点的挑战而半途而废。只有那些具有强烈成功欲、较高抱负水平的人，才会有足够牢固的期望强度，能排除万难、坚持到底，直至成功。

6. 家庭影响

个体的性格、素质、能力都会受到家庭的影响。家庭的经济状况、政治背景、家庭氛围、教育理念和家庭成员素质都会直接影响创业者，特别是对于阅历和资源相对匮乏的大学生创业群体来说，家庭的影响更为直接和关键。

通常，家庭支持创业或是家中已有亲人进行创业，对大学生创业者来说意义重大。家庭的支持，不论是经济支持、智力支持或是人际关系网的支持，对刚步入社会的大学生来说，都是弥足珍贵的，更重要的是，身边有人支持或是已有人创业，对于激发大学生创业行为尤为重要。有研究表明，家庭中从事创业的人数越多，对其家庭成员创业动机的激发就越显著。因此，家庭影响是大学生创业动机产生的重要源泉之一。

四、创业者的创新人格

（一）创新人格的含义

所谓创新人格，是指人们在后天学习活动中逐渐养成的，在创造活动中表现和发展起来的，对促进人的创造成果的产生起导向和决定作用的，优良的理想、信念、意志、情感、情绪、道德等非智力素质的综合。

（二）创新人格的作用

1. 对创业者的创业历程起导向和促进作用

创新人格就如同伟大的理想、高尚的信念和坚强的意志，能够在一个人的成长过程中起导向作用，使其朝着正确的、光明的道路前进。此外，巨大的、非凡的创新成果，往往需要创新者数十年甚至是终身的奋斗才能够获得。在长时间的创业过程中，持之以恒、坚持到底的创新人格，能对创业活动起到促进作用。

2. 为创新主体进行创新活动提供心智基础

面对信息的瞬息万变、竞争的日趋激烈，要形成一时的竞争优势容易，而要形成持续的竞争优势则十分困难。创新人格作为创新主体相对稳定的心理模式，持续表现出创新意愿和创新倾向的习惯性，强烈的自信、坚忍的意志、开放的思维等都是创新主体进行创新活动的心智基础。离开自信与进取，离开独立思考与自控，缺乏积极、向上、进取的学习和创新心态，创新主体的创新能力就不可能形成，也就谈不上开展创新活动了。

3. 为创新主体进行创新活动提供能力基础

一个人的核心竞争力集中体现在具有优势的核心竞争能力上，而核心竞争能力是由资源的整合能力、知识的学习能力、技术的革新能力、人际的协调能力、环境的适应能力等方面综合体现的，而这些能力正是创新人格的外化。

创新人格不仅意味着思维的独立和创新，还意味着行为上的坚持、敢为、灵活和自律。具有创新人格的人在追求创新目标上的坚持，在实施创新构想上的敢为，在克服创新困难上的灵活和在控制创新行为上的自律，都为其提升竞争能力、凸显竞争优势，最终形成创新能力提供了极好的基础。

（三）创新人格的基本素质

创新人格包含的基本素质是多方面的。在对古今中外的 100 多位杰出创新人才典型案例的研究基础上，可以概括出创新人格具有以下几个基本素质。

1. 崇高理想和坚定信念

创新人格的首要素质就是要有明确的目标，即具有崇高理想和坚定信念。科技史和大量传记材料证明，那些有着重大发明创造的人，往往从青少年时代起就树立了造福人类、追求真理、攀登科学高峰等崇高理想和坚定信念，这成为他们个人成才的指路明灯，是他们创新活动成功的内在动力。

2. 强烈的社会责任感

社会责任感是指个人或组织基于对自身与社会关联的认知，主动承担维护公共利益、关注社会整体福祉、推动社会发展的道德义务。其核心在于超越个体利益，具体表现为主动承担责任和履行义务的自觉态度。具有创新人格的人应该具有强烈的社会责任感。强烈的社会责任感也是现代企业家精神的要素之一。

3. 合作、交流的精神

随着科学技术的发展，科学创新的课题日趋复杂化、大型化；随着社会的进步，科学创新的组织方式从个体走向群体，从群体走向国家建制，从国家建制走向国际联合建制。在上述趋势下，特别需要培养创新和创业人才合作、交流的精神。更进一步说，在当代，善于合作、交流已成为个人成才和获得创新成果最重要的创新人格之一。

4. 批判继承、综合创新的精神

创新过程既是对旧理论、旧观点批判继承的过程，又是对多种经批判、鉴别、选择后的观点或材料进行综合创新的过程。因此，一些堪称大师级的创新者最擅长的就是树立批判继承、综合创新的精神。

5. 勤俭节约、艰苦创业的精神

从企业经营的角度来说，想要使企业从无到有、从小到大，乃至成为世界一流的企业，就必须使创业主体养成勤俭节约、艰苦创业的创新人格。

6. 敢于承受失败和委屈

创新活动，特别是重大的发明创造活动，是破旧立新的过程，要破除旧理论，就可能遭到维护旧理论的社会势力的打击；要立新，就要探索未知的领域，就可能遇到各种意外的风险和失败。因此，创新者必须敢于承受失败和委屈，具有不怕风险、不惧失败的大无畏精神。

（四）创新人格的培养

创新人格的培养在创新主体的成长中具有非常重要的作用，只有具备创新人格，创业者才能不为各种环境因素所限制，坚持进行自己的创业活动。具有创新人格的创业者，在创业过程中会随时审视自己的活动过程，运用有效的方法和技能，取得创业成就。因此，创业者应特别注意创新人格的培养，使自己的实践能力得到全面提升。

创新人格的培养不是随意的，而应该遵循一定的原则。综合已有的大量研究可以发现，创新人格的培养应该基于早期教育，做到学校教育、家庭教育和社会教育相结合；自我教育和终身教育相结合；主体性教育和社会性教育相结合。

第二节 大学生创业者的品质、素质和能力

曾有企业家总结，创业者有 3 大特性：敏锐的嗅觉，不屈不挠、奋不顾身的进取精神，群体奋斗的意识。

很多人都有创业的想法，但并不是所有人都能成功创业。优秀创业者身上具有

独特的个性特征和人格魅力。例如，他们能够敏锐地捕捉市场机会，并采取行动，进而从中获利。

创业者是组织、整合资源及管理企业、作出决策、承担企业风险的人，也是团队中的领头人物，他的人格魅力会感染团队中的每一个人。创业者大都具有超凡的毅力，重承诺、守信用，在经营过程中，能正确预测市场发展趋势，能带领企业发现新机会。

对于一个企业来说，创业者，尤其是创业领导者是其团队的核心，创业领导者的品质和素质直接决定着企业文化和企业的发展能力。这些创业者应具备的品质、素质和能力对于大学生创业者而言同样重要。

一、创业者的品质

品质是人的思想、行动、习性、作风所显示的本质，多指人的品性，为精神层面的特征。创业者的品质具有独特性、综合性、发展性。首先，创业者的品质有别于一般的职场从业人员，具有独特性；其次，创业者的品质包括多重特征，具有综合性；最后，创业者在创业实践中，其品质会不断锤炼和发展，具有发展性。

综合来看，创业者的品质主要包括诚信、冒险、创新、务实、终身学习、勤奋、执着、奉献等。

（一）诚信

英国著名诗人、戏剧家威廉·莎士比亚认为："诚信是最能使人安心的东西。"美国科学家本杰明·富兰克林认为："人与人之间和人生中最重要的幸福，莫过于真实、诚意和廉洁。"这就是说，信用是一种能为人们带来物质财富的精神资源。所以，在市场经济中，必须充分发挥这种无形资产的社会功能。

诚信是创业者的立足之本，是创业者的必修课。在某个关于"成功创业者的素质和能力"的调研中，所有参与的企业家都认为诚信非常重要。做事必先做人，做人必须诚信。诚信是团结团队、维系客户、树立口碑的重要因素，是创业成功并持久发展的基石。创业者的诚信品质不仅体现在以诚待客、货真价实、公平买卖、信守合同、偿还借贷、不做假账等，还表现在用人时以诚相待，奉行"疑人不用，用人不疑"的原则。

（二）冒险

当机会突然出现的时候，风险肯定也会随之而来，只有敢于冒险的人才能果断地抓住机会。创业者的这种品质在企业发展的转折时期至关重要。

创业者都是具有冒险精神的人。需要注意的是，这里所说的创业者冒险精神不是赌徒心理。冒险就好像探索一片神秘的沼泽地，探索者必须携带足够的食品、器材和指南针。敢于冒险几乎是所有创业者的共性，但是创业者绝不是冒失蛮干的冒险者，而是擅长衡量风险、规避风险的冒险者。

创业者所培养的冒险精神应该包括以下3点：面对机遇保持积极乐观的心态，既能看到机会，也能看到问题和失败的风险，并做好降低风险和失败概率的准备工作；敢于为预见的机遇冒险，并付出行动和努力，且冒险的目标和结果是创造价值；冒险行动应该以遵循法律、道德和行业规则为底线。

季琦是国内连环创业最成功的企业家之一。在10年创业路上，他创造了3家市值超过10亿美元的企业——携程、如家和汉庭（如今的华住集团），创造了世界企业史上的奇迹。季琦认为，一个成功的创业者，应该具有这些重要的特质：第一，冒险精神；第二，胸怀；第三，柔韧。冒险精神位居首位，但需要结合其他的品质来塑造优秀创业者的品质。他说："冒险精神让你勇于尝试，做他人所不敢和不能；胸怀使你可以和创业伙伴、团队、投资人、供应商愉快合作；柔韧使你碰到困难不轻易退缩，碰到问题总能想出对应之策。"

（三）创新

360集团创始人、董事长兼CEO周鸿祎在《极致产品》一书中提出，具有创业精神的企业家要"有点二"。很多人认为"二"是个贬义词，但周鸿祎觉得"二"是一种创新的精神，创新要想别人不敢想的事，不从众。所有的创新，在开始时都被认为是离经叛道、非主流和有点"二"。但坚持到最后，有点"二"的人可能就会成为行业老大，非主流也有可能成为主流。周鸿祎认为，成功需要一些和常人不一样的思维，能够舍弃现状，不怕失败，永远保持无畏的探索精神。

关于新经济，很多国内外的经济学家和各类专家都有各自的理解。实际上，究其根本，新经济的本质就是创新，就是促使个人的潜能得到充分利用，要鼓励所有人在一切可能的方向上创新，创新与速度是新经济的真正内涵，是市场经济的不败法宝。

从某种意义上来说，一个企业不懂得改革创新，不懂得开拓进取，它的生机就停止了，这个企业就要濒于灭亡。创新的根本意义就是勇于突破企业的自身局限，革除不合时宜的旧体制、旧办法，在现有的条件下，创造更多适应市场需要的新体制、新举措，走在时代潮流的前列，赢得激烈的市场竞争。

（四）务实

创业，有起点的高低、起步的早晚、市场的大小，唯独没有成功的捷径。因此，创业者不能自视太高，必须低调务实。优秀的创业者要具有高远理想，更要踏实务实，只有这样才能走得更远。

正如彼得·德鲁克所说：“真正的企业家精神恰恰不是‘创造性的’，而是一种踏踏实实的工作。”创业者的创业活动必须经过严格的逻辑分析，仅凭直觉行事是不够的。真正的企业家，不只有梦想，更应是脚踏实地的实干家。

有人说：“未来，属于一心想实现自己预言的人。”也有人说：“有梦想的人海阔天空。”这些都没错，但有梦想的人更要懂得脚踏实地，而不只是仰望星空。对创业者来说亦是如此，梦想是要有的，但路必定是一步一个脚印走出来的。创业者要有梦想，也要有务实的品格和担当。创业者必须明白，创业阶段是处在一个100%付出，收获也许不足1%的阶段，少抱怨公平与否，认准了就从小事、细节做起，做细做精，少些投机取巧。万丈高楼平地起，务实勤奋才是创业成功的保障。

创业者拥有宏大梦想没有错，但要重视风险，避免盲目扩张。积极的态度和务实的精神有助于创业成功。在创业中，没人给创业者铺好路，面对困难和问题，创业者只能积极努力、脚踏实地地奋斗，即使取得阶段性的成功也不能盲目迷失。

（五）终身学习

在知识经济时代，技术的快速发展使得岗位要求不断产生变化，无论是从业者还是创业者，都必须适应这种转变。这意味着终身学习越来越成为人们生存和发展的第一需要，学习将成为一种重要的生活或生存方式，也必将成为人们追求幸福与财富的主要诱发因子和原动力。

纵观古今，那些取得非凡成就的人，无一不保持着终身学习的习惯。创业者具有终身学习的品质才能克服创业过程中的困难，才能解决创业路上的新问题，才能满足企业生存和发展的需要，才能为团队和企业开拓更大的发展空间，更好地实现自身价值。此外，从创业者个人精神需求来说，具有终身学习的品质，有利于塑造坚强的意志，以科学有效的方法来应对创业过程中的挑战和压力。

（六）勤奋

勤奋，是为了既定目标，坚持投入足量时间的一种能力。真正影响命运的勤奋，是一种特定规则的勤奋，不符合这一规则的勤奋，可以让人良好，却难以让人优秀。本质上，勤奋的价值，是时间累积所带来的量变向质变的飞跃效应。

勤奋几乎是所有成功创业者的普遍特征，那些具有勤奋品质的人，面对任何工作总是全力以赴、追求卓越，不断以高标准激励自己，力求每次都交出一份最佳的成绩单。正是他们持之以恒的勤奋努力，才能带领创业团队走向成功。

根据极限精英理论，在各行各业中，精英和普通员工的比例相对来说是恒定的：如果足够勤奋且用对了方法，就有可能成为20%的精英阶层；如果懒惰，眼高手低，不愿付出努力，那么一定会归为80%的普通员工。竞争的残酷性要求创业者保持勤奋，绝不懈怠。

有人说："聪明的人不可怕，勤奋的人才可怕。"又有人说："那些与我们学历、能力相当，以及比我们更优秀的人，当我们努力时，他们也在努力，当我们懈怠时，他们仍在努力，那我们则无法追上并超越他们。"

勤奋分为两种，一种是肢体勤奋，这是可见的，从创业者的工作时间、效率就可以看出；另一种是思维上的勤奋，这是隐性的，容易懈怠的。例如，凡是在同一件事情上犯两次以上错误的人，以及有拖延症的人，都是典型的思维懒惰。很多人往往会忽略思维上的勤奋，并妄图依靠肢体上的勤奋来加以弥补。

成功与勤奋有着密不可分的关系，成功是勤奋的结果，而勤奋则是成功的必备条件。作家马尔科姆·格拉德威尔在《异类》一书中指出："人们眼中的天才之所以卓越非凡，并非天资超人一等，而是付出了持续不断的努力。一万小时的锤炼是任何人从平凡变成世界级大师的必要条件。"他将此称为"一万小时定律"。英国神经学家丹尼尔·列维京也认为，人类脑部确实需要这么长的时间，去理解和吸收一种知识或者技能，然后才能达到大师级水平。顶尖的运动员、音乐家、棋手，需要花一万小时，才能让一项技艺至臻完美。"一万小时定律"在成功者身上很容易得到验证。

很多人自认为很勤奋，却一事无成，原因是没有投入足够的时间去锤炼能力和坚持奋斗。很多人比一般人还要勤奋，投入了足够多的时间，但仍然不成功。这是因为他们虽然投入了总量足够多的时间，但不是高密度集中投入，而是低密度分散投入，所以无法达成目标。在奋斗的过程中，投入时间的密度很重要，密度不够，等于无效投入。

因此，有效的勤奋有两个标准：投入足够多的时间和高密度集中地投入。通过足够多的高密度集中投入的时间来提升能力，直至达到优秀水准，这个过程叫作锤炼。运用掌握的能力去完成任务，在完成任务的基础上再锤炼自己的能力水平，再将更高的水平和技能投入于完成更高要求、更具挑战的任务中。

有研究指出：世界上有19%的人，锤炼能力时不够勤奋，但运用能力时足够勤奋，因此其能力水平始终处于中下游，工作成果总是在二流以下；又有15%的人，锤炼能力时足够勤奋，但运用能力时不够勤奋，虽然通过勤奋的训练，具备了较高的能力水平，但其较为懒惰，因此工作成果时好时坏，非常不稳定，最终归于平庸阶层；而53%的人，在锤炼和运用能力时都足够勤奋，既有较高的能力水平，又勤于运用自己的能力，因此总能创造优异成果，有较高概率成为精英群体。

因此，一个人要想达成既定的任务目标，必须在锤炼能力和运用能力上都确保高密度投入足够多的时间。

（七）执着

印度诗人拉宾德拉纳特·泰戈尔曾说："只有经过地狱般的磨砺，才能锻炼出创造天堂的力量；只有流过血的手指，才能弹奏出世间的绝唱。"古往今来，人类留下了一页页"汗"的创业史、"血"的奋斗史，英雄在创造历史，普通人也在创造历史，历史的车轮滚滚向前的动力就来自人类的"执着"。执着于改革，则能兴盛；执着于奋斗，则获成功；执着于创新，则有发明；执着于登临，则览名胜；执着于求知，则得渊博。

创业者所要经历的困难和挫折都是常人无法想象的。面对苦难，优秀的创业者们不绝望和放弃，坚定执着才能创造出属于自己的辉煌与成功。

执着的创业者个性坚定，做任何事情都非常有毅力，坚韧不拔，有无比的耐性和持久性，执着能够产生创办企业的激情。创业的道路充满坎坷，无论是面对成功还是失败，创业者都必须充分发挥执着和坚韧不拔的品格。

（八）奉献

奉献，常被理解为无私和不计回报的给予和付出，实际上，奉献还可以是对自己事业不求回报的爱和全身心的付出。对个人而言，就是要把本职工作当成一项事业来热爱和完成，从点点滴滴中寻找乐趣，努力做好每一件事。

创业是一条少有人走的路，它意味着放弃个人的时间、爱好甚至与家人享受天伦之乐的时光。创业者的奉献品质，指的就是为了组织和长期利益，牺牲个人和短期利益的意愿。它并不是完全无偿的牺牲，而是一个价值的交换。放弃短期利益，在一定时间之后产生更高的价值回报，赢得长期利益，也可以理解为创业者要有大格局、大胸怀。创业者的奉献包括时间的奉献、能力的奉献和资源的奉献等。

首先，时间的奉献不等于无偿奉献。企业需要盈利，企业价值需要通过企业任务实现，完成的企业任务越多，为企业创造的价值就越多，获得的回报也就越大。

华为公司在创业初期有一个特殊的企业文化——床垫文化。早期的创业团队成员在工位上都备有一张床垫，晚上加班，不回宿舍，就在这一张床垫上，累了睡，醒了再起来继续工作。当年为此奉献付出的华为人，现在他们的物质回报要比身边的朋友丰厚得多。

其次，能力的奉献是指提高自身岗位技能和综合能力，为组织的发展不断挖掘自身潜力，实现团队和企业成长的发展目标。无论是创业的核心领导，还是团队成员都应该将提升自身能力作为对团队的责任。

最后，资源的奉献是指为组织发展贡献自身物质资源、信息资源、人才资源和社会资源等。

二、创业者的素质

素质是人与生俱来的，或者经过后天培养、塑造、锻炼而获得的身体上和人格上的特点。相较品质而言，素质的含义更广，既有身体的，也有精神的。创业者素质主要体现在知识素质、思想素质、心理素质、身体素质和经验素质等。

（一）创业者的知识素质

创业知识对创业起着举足轻重的作用。在知识大爆炸、竞争日益激烈的今天，知识的更新速度越来越快，创业所需要的知识随着社会、环境的变化，需要不断更新；同时，单一的知识完全满足不了创业的需要，创业者需要掌握广博的知识，具备一专多能的知识结构，才能应对不断变化的市场环境。因此，拥有不断学习知识的能力，对创业者，尤其是大学生创业者而言至关重要。具体来说，创业者需要具备以下几个方面的知识。

1. 专业知识

创业者的专业知识对于创业者完成创业目标或成功创业有着最直接的影响。只有具备深厚的专业知识，创业者才能正确分析形势，用敏锐的目光捕捉商机，提出精辟的见解和谋略，认清事物的本质并把握其规律，指导企业走上正确的道路，从而实现自己的创业目标。

对于大学生创业者来说，更是需要在创业前储备良好的专业知识。专业知识的获得有利于大学生创业者确定自己的创业目标，把握创业方向，发现创业的问题，并用专业知识解决创业过程中的问题。

2. 管理知识

没有管理知识，在日趋复杂和激烈的市场竞争中，创业者就无法保证自己的创业计划顺利执行，无法管理好自己的创业团队或企业。因此，管理知识是现代创业者必须具备的知识。

作为大学生创业者，不能仅凭经验和直觉去管理自己的创业团队，必须用有效的管理知识来指导经营活动；大学生创业者必须明白只有科学用人、科学管理创业团队或企业，才能实现自己的创业目标。因此，大学生创业者必须重视管理知识的学习。

3. 财务知识

财务知识是关于如何合理、有效地运用和调配资金以获得更多利润的知识，主要涉及税收、金融、财务管理、会计、审计等方面的知识。例如，税收知识主要包括税收的概念及特征、税收的种类、税收征管的基本程序等；金融知识主要包括货币的发行与回笼、存款的吸收与付出、贷款的发放与回收、金银外汇的买卖、有价证券的发行与转让、保险、信托、国内外货币结算等。

对于大学生创业者来说，创业前必须有丰富的财务知识，这些知识贯穿于创业实践活动的始终，对创业活动的开展非常重要。

4. 法律法规知识

法治社会，守法经营是对企业自身最有效的保护。将企业的经营管理完全纳入法治轨道，是企业安全有序发展的可靠保证。

我国是典型的成文法国家（只按法律规定审判，判例不作为审判依据），法律规定，创业企业从事经营活动，必须到市场监督管理部门办理相关手续，领取营业执照，如果从事特定行业的经营活动，必须到相关主管部门办理批准文件。毫无疑问，作为现代创业者，必须了解法律知识、了解与企业经营相关的法律制度。

同时，大学生创业者在创业初期还有必要了解有关开发区、高科技园区等方面的规章制度，以及有关物权、知识产权、资产评估等方面的法律知识。在雇用劳动者或与创业伙伴合作时，一定要充分了解我国劳动法和社会保险等相关法律；在经营活动中，必须了解税法、公司法等基本的民商法及行业的相关管理规定。

总的来说，企业从创建到终结，整个过程都会涉及方方面面的法律法规。因此，作为创业者，深入、全面地了解并严格遵循法律法规是最基本的要求。

5. 社交礼仪知识

社交礼仪是指人们在人际交往过程中所具备的基本素质和交际能力。从一定意义上说，礼仪是人际关系和谐发展的调节器，人们在交往时遵循礼仪规范，有助于促进互相尊重，建立友好合作的关系，缓和、避免不必要的矛盾和冲突。一般来说，人们受到尊重、礼遇、赞同和帮助就会产生吸引心理，形成友谊关系，反之会产生敌对、抵触、反感甚至憎恶的心理。

在商务活动中，社交礼仪具体体现为商务礼仪。商务礼仪是指在商务交往中，以约定俗成的程序、方式来表示尊重对方的过程和手段。商务礼仪在当今社会交往活动中不仅可以减少矛盾，增加人与人之间的好感，促进双方的合作，还可以打造和维护创业者本人及创业团队（或企业）的整体印象，在一些涉外商务活动中，甚至还代表着国家和民族的形象。

从以上论述中可以看出，创业者所需要的知识是广泛而系统的，创业者在创业前就应该有各方面的知识储备。然而，知识和信息同样也在不断更新和丰富，任何一个创业者都不可能把创业中所涉及的问题全部解决好，也不可能把一切创业资源和知识都准备充足。因此，作为一名大学生创业者，必须拥有学习大量知识的能力，这就要求大学生创业者保持广泛的兴趣爱好、高效的学习习惯，结合科学的学习方法，以及保持刻苦、坚忍的学习精神。创业者唯有不断进行知识的更新及提高知识的整合能力，才能适应和满足繁重的创业需求。

（二）创业者的思想素质

曾有企业家提出创业的 3 大前提：理想、思想和创想。这 3 个“想”，对于任何一个想要做成大事的人来说都特别重要。古往今来，不管经济形势、社会结构、政治体制发生怎样的变化，它们都会对创业起到重大的作用。如果一个创业者只关注商业模式，只是狭隘地想着要创业、要赚钱，那么注定不能把企业做大、做强。综观我国著名的企业家，他们的语言和行为中无不充满着各种思想。

现代企业的创办者必须具备强烈的社会责任感、使命感、正义感、事业心和敬业精神。“做事先做人，管人先管己”，德才兼备是对创业者的基本要求之一。

（三）创业者的心理素质

心理素质是一个人在面临负面刺激和导致痛苦事物的时候，心理与行为保持稳定的能力。心理素质是先天因素与后天因素的“合金”，一个人的心理素质是在先天素质的基础上，经过后天的环境与教育的影响而逐步形成的。

早在 1970 年，霍纳迪和邦克在《人事心理学》中就提出，创业者有着与常人不同的心理素质。他们总结了成功创业的企业家所具备的心理素质有以下几点：强烈的创业动机，超乎想象的忍耐力，开阔的眼界，善于把握趋势又通人情事理，敏锐的商业嗅觉，丰富的商业知识，广泛的人脉，谋略、胆量、乐观，审时度势，有创造力，有自我反省的能力等。

在创业活动中，良好而稳定的心理素质是创业者创业成功的重要法宝之一。在创业的过程中，创业者会遇到不同的问题和矛盾，这就要求创业者具有良好的心理承受能力，具有受挫修复能力，具有自我激励的能力，具有创业的顽强意志和良好的心理状态。只有在具备较好的心理素质的前提下，才有可能在创业的道路上披荆斩棘，取得成功。

良好的心理素质是可以通过后天的培育和塑造形成的。增强创业者应对创业压力和挫折的能力，有助于创业者从逆境中寻找转机。从大学生的角度来看，培育良好的心理素质不仅是“双创”（大众创业、万众创新）时代的具体要求，也是大学生个体发展的现实需要。

（四）创业者的身体素质

创业要拼命，但不等于拼了命地去创业。身体是完成一切任务的基础，只有拥有良好的身体素质，才能心胸宽广，拥有一往无前的魄力。良好的身体素质是成功创业的一大前提。创业者需要具有健康的体魄和充沛的精力，能够适应新创企业外部协调和内部管理的繁重工作。

在创业之初，受资金、环境等各方面条件的限制，许多任务都需要创业者亲力亲为，他们要不断地思考改进经营的方法，加上工作时间长、巨大的风险带来极大的精神压力，若无充沛的体力、旺盛的精力、敏捷的思路，必然力不从心，难以承受创业重任。

创业者保持身体健康，不仅是对自己个人负责，也是对企业负责、对其他创业伙伴和员工负责。如果创业者的身体状态不佳，就会打击创业团队，也会影响到企业的运营。

因此，创业者必须在日常生活中经常锻炼身体，让身体功能处于最佳状态。锻炼身体，一方面能提高创业者的身体素质，另一方面也能不断磨炼创业者的意志，在高压精神状态下释放压力。

（五）创业者的经验素质

所谓经验，即从已发生的事件中获取的知识，包括直接经验和间接经验两种。直接经验是通过亲身实践得到的经验；间接经验是从他人那里习来的知识，特别是前人通过总结实践经验而得出的理论和知识。创业者既可以通过自己在本行业领域的实践活动、职业训练，或者连续创业的经历来获得创业相关的经验，也可以通过学习成功创业者的创业案例、与创业相关的理论和知识等来间接获取创业经验。

从理论上讲，经验丰富的连续创业者比初次创业者有着更高的创业成功率。既因为以前创业的成功经历让他们拥有更好的资源，更易与他人合作，也因为创业失败的教训只有亲身经历才了解，从而在后续的创业实践中得以避免。

因此，连续创业者可以说是成熟的创业者，比初次创业者更具优势。创业者已有的创业相关经验对创业机会的识别、创业资源的整合，以及新创企业绩效等会产生重要的推动作用。特别是在创业的早期阶段，创业者借鉴其独特的实践经验，对积累的资源与人脉进一步“自我吸收与强化”，从而促进创业行为的顺利进行。

对于经验，也要注意其可能带来的负面影响。一些创业者对其先前经验过分“依赖”，受惯性思维的影响，在面对同样的问题时，会解读出与其先前经验密切关联的信息。当“经验”成为“习惯”时，就会使得创业者思维固化，反而影响创业者作出正确的判断和决策，抑制创业者自身及企业的发展。因此，对于经验要及时进行认识上的提升，并结合环境的变化，根据特定情况进行判断和决策，而不是依赖僵化的“本本主义”“经验主义”。

三、创业者的能力

创业能力是指创业主体促进创业活动顺利进行的各项能力。创业能力是一个含义非常丰富的概念，包括学科知识能力、核心通用能力和企业职务能力。学科知识能力是对各类基本学科知识的掌握和运用能力，具体体现为创业者的专业学科知识储备，核心通用能力是在商界、学术界等各领域从事任何职业都完全通用的核心素质能力，而企业职务能力则是完成企业具体工作任务的能力。

在此，主要围绕创业者的核心通用能力展开介绍，它主要包括机会识别能力、风险决策能力、领导管理能力、高效执行能力、资源整合能力、激发与提升心理能量的能力和塑造自我人格魅力的能力。

（一）机会识别能力

哲学家弗朗西斯·培根认为：“善于识别与把握时机是极为重要的。在一切大事业上，人在开始做事前要像千眼神那样洞察时机，而在进行时要像千手神那样抓住时机。”

有学者指出：“人生不是自发地进步发展，而是由一长串机缘、事件和决定构成，这些机缘、事件和决定的实现取决于人的意志。”换言之，机会并不是凭空得来的、从天而降的，人的意志对识别和把握机会起到决定性作用。

创业是发现市场需求，寻找市场机会，通过投资经营企业来满足这种需求的活动。创业需要机会，机会要靠发现，在市场经济大潮中要想找到合适的创业机会，需要创业者具备对创业机会识别与选择的能力。此外，创业机会识别是从未发现创业机会到发现创业机会中间的过程，它对于创业决策起着至关重要的作用。

创业者把握机遇具体表现为寻找商机，预见需求，获得先机。商机，即商业机会，它是一种需求的产生与满足在时间、地点、成本、数量、对象上的不平衡状态。旧的商机消失后，新的商机又会出现。没有商机，就不会有交易活动。

在需求的产生上，一切有用而短缺的东西都可以是商机，如高新技术、稀有物、专业的知识等；在满足的方式上，低价替代物的出现就是商机。此外，还有回归性商机，消费者在远离曾追随的时尚后，过时的东西变成“短缺”物，回归心理就出现了。例如，市场上有一些主打“怀旧情怀”的消费品和服务等。

如何识别创业机会是创业者在创业道路上首先要解决的问题。好的创业机会，必然具有特定的市场定位，满足于这一特定市场的消费者需求，同时能为这些消费者带来增值效果。评估创业机会时，越是能形成多赢的局面，越有可能是一个创业机会；反之，如果只有一方“占尽便宜”，那大概率就不是创业机会。

创业者可以从现有市场和潜在市场中发现创业机会，在某一个行业内或不同行业内的交叉结合部分发现行业市场机会或边缘市场机会，在环境变化或变化的趋势中发现目前市场机会或未来市场机会等。例如，着眼于解决供需缺口的问题来把握机会；跟踪最新的技术创新来把握机会；找到消费者的特殊需求、个性化需求，通过寻找市场的空白点或市场缝隙来把握机会；通过针对对手的缺陷进行改进并开发出具有潜力的新产品或新功能来把握机会等。

在现实中，各行各业都有适合创业的机会，但需要创业者认真甄别。创业者需要在众多机会中筛选出真正适合自己的创业机会。当然，创业者不仅要善于发现机会，更需要正确把握并果敢行动，将机会变成现实的结果，这样才有可能在最恰当的时机出击，摘得创业“果实”。

那么，如何选择适宜的创业项目呢？根据“3 度交集法则”，即万事万物中你本能喜欢的事物是第 1 个集合，你擅长的事物是第 2 个集合，能创造价值的是第 3 个集合。这 3 个集合的交集就是你既喜欢又擅长并且能创造价值的事物。再结合外在条件进行综合考量，加之创业者的勤奋，就有很高的概率会成功。

（二）风险决策能力

创业过程本身具有很多不确定性因素，再加上机会窗口的时间限制，创业者在时间与成本的制约下，要做到完全理性决策是不可能的。因此，创业者在决策时要注意避免受到认知偏差和个人偏见的影响，此时，创业者的决策方法就显得尤为重要了。

德国柏林马普进化人类学研究所的相关研究表明，直观推断与偏见等简化的决策方法，在具有大量信息的情况下可能逊色于那些规范性的决策方法。但是，在信息量少且时间较紧迫的情况下，简化的决策方法则优于规范性的决策方法。

面对可能出现的风险，准备和认识上的不足是创业者在创业活动中屡遭失败的主要原因之一。这种创业风险意识不足，可能表现在以下某个或多个方面：在心理准备上，表现在对创业中可能出现和可能遇到的困难预测不足；在决策上，表现为不敢作决策，或者盲目决策、随意轻率决策；在管理上，表现为不抓管理、无序管理、不敢管理等；在经营上，表现为盲目进入市场，轻率签订合同等。

根据风险与收益的均衡理论，创业者想要获得较高的收益就必须冒高风险，而冒低风险或不冒风险往往只能得到较低的收益。创业者必须直面风险，敢于冒险，既不能害怕风险，坐失有利的收益机会，又不能不顾风险、盲目决策而给自己造成不必要的损失。因此，创业者必须具有良好的评估风险、驾驭风险和规避风险的能力，采取适当的行动和有效的方法策略来分散和降低创业风险。有效规避创业风险，除了需要创业者的胆识和判断力之外，在具体谋划过程中必须注意以下 3 点。

一是事前要做好充分的市场调研，对产业市场环境及其变化有全面、及时的了解。

二是必须选准创业项目。通常创业项目的选择可以遵循前文所介绍的“3 度交集法则”。

三是要准备好“退路”。在全力以赴的同时，创业者还需要未雨绸缪，时刻关注市场动向。对每一个不确定性因素可能带来的风险进行多层次、全方位的分析判断，拟订一套乃至几套应对方案，并将方案组合搭配，从而将风险转移或分散，使其始终在可控范围内，不致出现灾难性后果。

（三）领导管理能力

创业者往往在组建团队、经营企业的过程中处于核心位置，这种核心位置不仅体现在决策时的责任担当上，还体现在维系团队的士气和稳定上。创业者不同于一般的管理者，他需要发挥指导者和引领者的作用。因此，创业的复杂性和高风险性对创业者的领导管理能力提出了更高的要求。

任何组织、团体乃至国家，都必须既有领导又有管理。有领导而无管理，则领导的意图和目的往往难以实现；有管理而无领导，则管理的成效和价值会大打折扣。领导主要是以思想、理论和道德作为工具来教化和凝聚人的心灵，管理则主要依据制度和规则来规范、统一人的行为。领导强调“有机的情感而非逻辑”，而管理强调“机械的效率逻辑”。虽然两者都是为了实现组织目标，都必然追求效率和效益的提高，但领导能力多注重对人的影响和引导，重视人的需要、情感、兴趣和人际关系，强调柔性，管理能力更注重具体生产过程中的工时研究和正式的规章制度，强调刚性。换句话说，领导能力偏重艺术化、人性化，管理能力偏重科学化、制度化。

1. 创业者的领导能力

组织发展理论创始人沃伦·本尼斯认为："领导能力是把握组织的使命及动员人们围绕这个使命奋斗的一种能力。领导能力是怎样做人的艺术，而不是怎样做事的艺术，决定领导能力的是个人的品质和个性。领导者是通过其领导的员工的努力而成功的，领导者的基本任务是建立一个高度自觉的、高产出的工作团队。"

全球知名的创业家德里克·利多在《创业领导力》一书中揭示了创业领导者的5项基本技能：自我觉察、建立关系、激励他人、引领变革、掌控经营。

还有研究认为，领导能力已经日益成为创业成功的重要基础之一，它主要包括以下6个方面。

（1）学习力，表现为领导者快速学习的能力。

（2）决策力，表现为领导者果断决策的能力。

（3）组织力，表现为领导者选贤任能的能力。

（4）教导力，表现为领导者带队育人的能力。

（5）执行力，表现为领导者超常的行动能力。

（6）感召力，表现为领导者凝聚人心的能力。

上述6种能力是创业者必须具备的领导能力，它们能提升领导者的影响力和个人魅力，帮助创业者在创业过程中凝聚力量、带领创业团队走向成功。

2. 创业者的管理能力

创业是一项可以管理，也需要管理的系统工作，创业者必须始终保持管理意识。从根本上来说，管理者的管理能力就是提高组织效率的能力，是管理者能够准确地把握并且提升组织效率的关键。

创业者的管理能力是指创业者对人员和资金的管理能力，它涉及人员的选择、使用、组合和优化，以及资金的聚集、核算、分配和使用等。管理能力是一种较高层次的综合能力，包括学会经营、学会管理、学会用人、学会理财4个方面。

创业者一旦确定了创业目标，就要开始实施创业活动。为了在激烈的市场竞争中取得胜利，创业者必须学会经营。这就要求在创业活动中，创业者对人、物、资金、场地、时间的使用，都要选择最佳运作方案，做到不让人员和资金闲置、不空置设备和场地、不浪费原料和材料，使创业活动有条不紊地运转。此外，创业者还要对企业、员工、消费者以及整个社会都抱有高度的责任感。

在市场经济竞争日益激烈的今天，人才的竞争可以说是决定成败的关键，谁拥有人才，谁就拥有竞争的优势。一个企业没有优秀的管理人才和技术人才，这个企业就不会有好的经济效益和社会效益；一个创业者不懂得吸纳德才兼备、志同道合的人共创事业，创业之路就会更加曲折艰难。因此，创业者还必须学会用人，要善于吸纳各种具有专长的人才来共同创业。

对于创业初期的创业者来说，资金的缺乏是创业的一大瓶颈，因此，学会理财对于创业者来说至关重要。

首先，创业者要学会开源节流。开源就是在创业过程中除了抓好主要项目的创收以外，还要注意多渠道挖掘资金来源；节流就是节省不必要的开支，很多创业者都是白手起家，也非常重视节流的作用。

其次，创业者要学会管理资金。重点在于，要把握好资金的预决算，做到心中有数；把握好资金的进出和周转，每笔资金的来源和支出都要记账，做到有账可查；把握好资金的利用效率，保证每一笔资金都用在“刀刃”上。

综上所述，创业者在创业过程中要不断地提高管理能力，不断学习新知识，管理好自己的创业团队及资产。

（四）高效执行能力

有这样一则古老的寓言：某地的一群老鼠，深为一只凶狠无比、善于捕鼠的猫所苦恼。于是，老鼠们齐聚一堂，讨论如何解决这个心腹大患。老鼠们都很有自知之明，并没有猎杀猫的雄心壮志，只想探知猫的行踪，早做防范。有只老鼠提出建议在猫的身上挂个铃铛，立刻引来满场的叫好声。在一片叫好声中，有只不识时务的老鼠突然问道：“谁来挂铃？”不难理解，这是个讽刺“坐而言”未必能“起而行”的寓言。

对于创业者来说，战略正确并不能保证创业就一定能成功。成功的创业者必须在战略和执行两个方面都做到位。缺乏执行力，先期的优势往往会白白浪费掉，先驱往往会变成“先烈”。

柳传志认为：“执行能力就是找会执行的人。”杰克·韦尔奇认为：“执行能力就是企业应消灭妨碍执行的官僚文化。”迈克尔·戴尔认为：“执行能力就是在每一阶段、每一个环节都力求完美，切实可行。”从上述观点可以看出，所谓执行能力，指的是贯彻战略意图，完成预定目标的实际操作能力。它是企业竞争力的核心，是把企业战略、规划转化成为效益、成果的关键，通俗理解就是“按质按量完成自己的工作和任务的能力”。

创业过程中，无论担任什么职务，无论从事什么领域，都需要通过强有力的执行能力来保证企业任务的完成。企业本身由一个又一个项目构成，项目又由一个又一个阶段性任务构成。因此，也可以说大量的、不同的阶段性任务构建了企业的价值链，高效完成任务对企业有着重要的意义。

完成工作任务光是速度快并不意味着效率高，同时还要兼具质量。一般来说，执行能力体现为按时、按质、按量完成工作任务，而高效执行能力则体现为提前、超量、高质量完成工作任务。

创业者想要获得高效执行能力，必须培养高效的执行意识，以及运用高效的执行方法，这两者缺一不可。

1. 培养高效的执行意识

在完成任务时，意识模糊化就会出现低效能、无效能，甚至是反效能的情形。意识模糊化通常表现为：想做，不一定真的会去做；能做，不一定能做好；认真，不一定能做对；说得好，不一定能做得对。

提升执行意识，首先，要树立正确的敬业观，敬业是提升执行力的精髓和灵魂；其次，要将执行意识转化为职业意识，具体来说，就是要将任务的压力转化为责任，并升华出使命感。

2. 运用高效的执行方法

创业者应积极主动学习他人的经验和方法，以及通过自我总结经验来积累高效的执行方法。例如，建立任务执行清单就是一种先进的、适合团队和个人使用的高效执行方法。创业者每天只需要花费数十分钟，就可以完成任务清单的罗列和梳理。

在任务执行清单中，创业者要对自己的执行力进行自查：事前有没有工作规划，是否将分段目标分解成每一步应该做的事，是否紧盯过程且随时调整，是否在一定的时段对失误、疏忽、敷衍、损害进行诚实的总结，是否对工作做出及时的调整与优化。

（五）资源整合能力

创业者在创业过程中对信息的整合、人脉的整合、资源的整合能力越强，创业活动的效率和效益就越高。

创业资源是指创业者在创业过程中所需的特定资产，它包括人才、资本、机会、技术、渠道、客户、管理模式、创业精神、独特创意以及社会关系等。创业资源是创业者创立和经营企业的必要条件。

创业者能否发现机会，进而推动创业活动向前发展，往往取决于他们能掌握的或能整合的资源有多少，以及对资源的利用能力有多强。许多创业者早期所能获取与利用的资源都相对匮乏，那些优秀的创业者所表现出的卓越创业技能之一，就是能够创造性地整合和利用资源，尤其是那种能够创造竞争优势并带来持续核心竞争力的战略资源。创业者对资源的整合能力越强，企业的核心竞争力就越强。因此，创业者必须具备较强的创业资源整合能力。

一般来说，创业者的资源整合能力具体体现在战略思维整合和战术选择上。

在战略思维整合的层面上，资源整合就是要通过组织和协调，把企业内部彼此相关但又彼此分离的职能，以及企业外部既参与共同的使命又拥有独立经济利益的合作伙伴整合成一个为客户服务的系统，取得“1 +1 >2”的效果。

在战术选择的层面上，资源整合就是根据企业的发展战略和市场需求对有关的资源进行重新配置，以凸显企业的核心竞争力，并寻求资源配置与客户需求的最佳结合点。其目的是要通过组织制度安排和管理运作协调来增强企业的竞争优势，提高客户服务水平。资源整合能力不仅成为衡量创业者、企业家能力的主要指标，更直接关乎企业未来的成长发展。

对于大学生创业者来说，资源整合能力至关重要。随着经济全球化进程的不断加快，市场竞争愈加激烈，创业团队在企业的发展过程中难免受到不同程度的冲击，要想在日益激烈的全球竞争中立于不败之地，保持平稳发展，最根本的就是要通过一定的管理手段整合内外部资源，以激发自身的活力，增强抵御市场风险的能力。

提升创业者资源整合能力必须做到以下 3 点。

一是在观念上，创业者必须树立“任何资源都是可用的”这一现代管理理念。整合资源是一种能力，更是一种意识和观念。对优秀的创业者来说，任何事物都是有价值的，尤其是人才资源。很多人才之所以还没有表现出应有的价值、没有充分发挥出作用，主要原因不是缺少价值，而是放错了地方，或者是没有给予足够的发挥空间和舞台。

二是在眼界上，创业者要具有开阔的视野和独到的眼光。善于整合资源的创业者往往独具慧眼，能够从一件事物、一个人身上看到别人看不到的信息，并且具有开阔的眼界和丰富的想象力，能够把似乎毫不相关的事物联系起来，为实现同一个目标、完成同一项任务作出贡献。

三是在领导行为上，创业者要注意克服“对抗心理”“比试心理”的影响。对于创业者而言，整合组织内外部的人才资源，往往是其最重要的一项资源整合能力。按照吸引力法则“你是什么样的人就会吸引什么样的人在你身边”或如俗话说的“你身边的朋友的素质或许可以判断你的素质与品位”，只要不断拓展自己的人脉资源，克服“对抗心理”“比试心理”，学会主动接近、包容、吸引比自己更强的人，不断发现并挖掘他人的闪光点，创业者就能受到潜移默化的影响，不断完善自己的能力结构，达到人才资源整合的实效。

（六）激发与提升心理能量的能力

心理能量是促使人意识到自己的需求，驱使人采取适当行为的冲动、勇气、意志力及各种特征的情绪和感情等心理力量的展现。创业实践的高挑战性要求创业者必须具备激发与提升心理能量的能力，进而将所获得的心理能量转变为现实能量。

不良情绪会使创业者的各种能力发挥失常，想要让自己和团队保持能力发挥或超常能力发挥，创业者就需要通过勤奋、奉献意愿、意志力、非兴趣专注和责难承受力等多个方面，不断激发、提升自己和团队整体的心理能量。下面从意志力、非兴趣专注、责难承受力 3 个方面来进行介绍。

1. 意志力

意志力是指在面对困难的情况下，保持情绪和行为稳定的能力。拥有意志力，可以让创业者在艰难困苦面前变得越来越有韧性。

创新力、决策力和意志力是创业者必备的 3 项“软实力”。如果说，创业初期的创业者成功的重要法宝在于决策力和创新力的话，那么意志力则是保持其决策力和创新力持续发挥作用的重要能力。在当前市场多样化趋势不断加深的情况下，创业所面临的市场局面异常复杂，日常工作中所需要处理的事情和所面临的压力也在不断增加，意志力就是支撑创业者持续高效开展各项工作的一种长期的、持续的内动力。

意志力更多存在并作用于潜意识层面，意志力的生成原理是通过高频能力训练将表意识能量转化为潜意识能量。潜意识能量是最充沛的能量源。

2. 非兴趣专注

非兴趣专注是指对不感兴趣甚至是讨厌的事物仍然保持热情和专注的能力。创业者对创业往往充满激情，但创业过程中所遇到的任务和问题不一定都是创业者感兴趣和擅长完成的，因此，非兴趣专注就显得尤为重要。

戴尔·卡耐基通过演讲和书籍介绍了大量普通人通过不断努力取得成功的故事，唤醒了无数迷惘者的斗志，激励他们取得成功。然而，戴尔·卡耐基并非天生就喜欢演讲，他自小性格内向、自卑，为了克服自己的性格弱点，他选择参加学校的演讲比赛。他没有演讲的天赋，参加了 12 次比赛，屡战屡败。几十年后，戴尔·卡耐基以半开玩笑的口吻说：“是的，虽然我没有找出旧猎枪或与之类似的致命的东西，但当时我的确想到过自杀……我那时才认识到自己是很差劲的。”但戴尔·卡耐基没有放弃，而是更加努力，重新挑战自我，最终获得了非凡的成就。

综上所述，创业者通过执行有意义的非兴趣任务，可以扩展喜好事物的范围，优化性格。因为在创业活动中，内部的人际关系和外部的环境不会主动迁就创业者，想要获得成功，创业者必须主动适应组织、他人以及外界的环境。

3. 责难承受力

创业所具有的高风险性会带来极大的压力和极强的挫折感，这就要求创业者必须具备较强的挫折承受力和责难承受力。

所谓挫折承受力，是指个体在遭遇挫折时，能否经得起打击和压力，有无摆脱和排解困境而使自己避免心理和行为失常的一种耐受能力，即个体适应挫折、抵抗和应对挫折的一种能力。一般来说，挫折承受力较强的人，往往挫折反应小、受影响时间短、挫折的消极影响少；而挫折承受力较弱的人，则容易在挫折面前不知所措，会因挫折的不良影响而受伤害，甚至导致心理和行为失常。

责难承受力是在具备良好的挫折承受力的基础上，对创业者提出的更高的要求。责难，是责怪、责备，甚至刁难的意思，是指针对某个过失或瑕疵，过分地指责与刁难，使对方难堪。责难承受力是指对外部负面评价与指责的承受能力。

遇到责难时，应该调整好自己的状态，但调整状态并不是从被责难后才开始的，而是在被责难的时候就要开始调整。无论是谁，都会因为受到他人的批评指责而产生情绪波动，但在受到责难时，得体的第一反应该是“不急于解释，不反唇相讥”，思考的重点应该是“我应该从哪里入手解决问题”，而不是“对不对”。总之，应对责难要谨记3点：不要当面争执，不要过度悲伤，不要过多解释。

要避免因为他人的责难而迷失自我、失去自信，最好建立一个绝对信任群体。有些事情自己难以说服自己，但是同样的观点通过别人讲出来，就更能接受。绝对信任群体里除了亲属外，还应该包括具有相同价值观、愿意彼此无偿付出的朋友和伙伴。

（七）塑造自身人格魅力的能力

人格魅力是一种吸引并驱动他人思想和行为的伟大能力。通俗而言，就是一种让别人迅速对你产生好感，喜欢你的一种能力。一个讨人喜欢的人，总能获得更多的外力帮助和资源支持，所以更容易成功。万事万物的发展都是内力和外力共同作用的结果，每个人未来的成就，都是自有资源和能够整合的外部人脉资源共同作用的结果。

通常来说，讨人喜欢的能力有两类，一类是形体魅力，另一类是人格魅力。据统计，一个人对他人的吸引力，17%来自形体魅力，但形体魅力是迅速而不持久的，浅层而不深入的吸引力，大约只能持续吸引400多天，然后会越来越弱；剩下的83%来自人格魅力，这是一种持久而深刻的强大吸引力，在一些知名企业的内部培训中，人格魅力在一定程度上已经是可以被量化的能力指标。

人格魅力可以通过激发愉悦感和权威感来进行提升。愉悦感可以通过赞扬和幽默来激发。生活常识告诉人们一个道理："没有人对被批评感到高兴。如果有，那他就是在撒谎。"赞扬的最大功能就是，当你向另外一个人传递信息，不需要任何前奏预热，就可以马上让他产生愉悦感。幽默是一种智慧的表现，创业者具备幽默感不仅体现其审时度势、妙言有趣的能力，也表现其积极乐观的态度。

权威感是一种让人信任、钦佩、依赖，并愿意与之合作的特殊情感。权威感产生的影响力和吸引力在职业与商业环境中非常重要。因为在职业与商业环境中，仅讨人喜欢、产生情感交流是不够的，同时还要发生资源与能量的交流，才能实质性促进企业任务的完成，进而创造价值与财富。创业者表现得比其他人更勤奋、更乐于奉献，在困难状态下的意志力比其他人更强，其权威感就会逐渐提升。创业者的权威感不仅能对团队的组建、管理发挥作用，还能增强合作者对其能力、产品与服务的信任。

人格魅力不仅对个人有着重大影响，而且对企业也有影响。创业者的能力是一个创业者最基本的素质，没有人天生就是创业者，因此创业者的能力也不是天生的。创业是一个不断发现机遇，并因此转化出新产品或是新生产方式的过程，创业者的能力素质需要在不断学习、不断实践、不断提炼的过程中培养和提高。因此，创业能力来自创业活动中的种种锤炼。

第三节　大学生创业团队

创业机会和创业者本身的能力是创业活动成功的重要因素，但不可否认的是，外部的支持对于快速成长的企业来说也极为重要。创业活动需要大量的资源，包括资金、设备、空间以及信息等。为了有效吸收外部资源，以团队的形式来创业是最为稳妥的方式。各个团队成员以其不同的背景、经验以及社会关系，可以为创业活动带来多样化的资源。同时，团队成员之间还可以共同承担风险，降低企业失败的可能性。

创业活动不是一种追求个人英雄表现的行为，它更重视发挥团队作用。据相关调查，70%创业成功的企业，都有多名创始人。其中，创始人在2~3人的占49%，4人的占17%，5人以上的占9%。目前，60%以上的创业活动都是以团队形式开展的，尤其是在高科技领域，团队创业比个体创业更多。

事实证明，选择合理的创业模式、组建卓有成效的创业团队是创业成功的重要基础。只要施以有效管理，创业团队的工作绩效必然大于所有成员独立工作的绩效之和。没有团队的创业并不一定会失败，但要创建一个没有团队而具有高成长性的企业却相当困难。可以说，创业团队是整个企业的脊梁，团队的好坏决定了企业的兴衰成败。

一、创业团队概述

团队的概念大家并不陌生，一说起团队，大家就会想到在日常生活中与自己相关的人群。例如，一支篮球队、共同完成某项实验的实验小组，又或者是一起玩游戏的小伙伴，这些都可视为一个团队。

（一）什么是团队

管理学家斯蒂芬·P. 罗宾斯认为："团队就是由两个或者两个以上的，相互作用、相互依赖的个体，为了特定目标而按照一定规则结合在一起的组织。"

综合来讲，创业团队的概念有狭义和广义之分。狭义的创业团队是有着共同目的，共享创业收益、共同承担风险的一群创建新企业的人，而广义的创业团队不仅包括狭义的创业团队，还包括与创业过程相关的各种利益相关者，如风险投资家、专家顾问等。本书所指的创业团队的概念是狭义的创业团队，也就是创业合伙人和创业核心团队。

（二）创业团队的构成要素

罗宾斯认为，团队由5个要素构成：目标（Purpose）、人员（People）、定位（Place）、权力（Power）和计划（Plan）。创业团队作为团队的一种，也基本由这5个要素构成。

1. 目标

目标是将人们的努力凝聚起来的重要推手，是协力前进的方向，是在创业崎岖道路中对抗压力和挫败感的动力来源。特别要指出的是，创业团队的根本目标在于创造价值，而这个价值是共同一体的，是一荣俱荣、一损俱损的共同价值，而不是各自利益的获得和争夺。

创业核心团队的共同目标是组织的成长。创业团队的总目标就是要通过完成创业阶段的技术、市场、规划、组织、管理等各项工作实现企业从无到有，从起步到成熟的发展。总目标确定以后，为了推动团队最终实现创业目标，要将总目标分解为若干可行的、阶段性的计划。

2. 人员

任何计划的实施最终还是要落实到人，创业的目标总是通过人员来实现的，所以人员的选择是创业团队建设中非常重要的一部分。创业者应该充分考虑团队成员的能力、性格、年龄等方面的因素。

无论是创业初期还是企业发展到一定阶段，创业团队最好维持在 3 ~ 5 人。因为这样的团队规模既能够保证人员之间相互交流的频率和深度，又能快速达成一致，比较容易形成凝聚力、忠诚度和相互的信赖感。

3. 定位

定位是指创业团队中的具体成员在创业活动中扮演的角色，也就是创业团队中各人员的分工。定位问题关系到每一个成员是否对自身的优劣势有清醒认识。明确团队成员的责任，既要避免职权的重叠和交叉，也要避免无人承担工作造成的疏漏，确保团队以较高的效率完成任务。此外，由于创业环境是动态复杂的，会不断出现新的问题，团队成员的能力也会不断变化，因此，成员的分工也要根据需要不断进行调整。

4. 权力

如果说“定位”明确的是“责”的话，那么“权力”自然就是要明确“权”。所谓的“责权分明”，就是要让团队成员承担对应角色的责任，赋予团队成员相应的权力。给团队成员放权主要是考虑：第一，团队成员对于控制力的追求往往是他们参与创业的一个重要动因；第二，创业活动由各项不同的任务组成，这些任务的动态性和复杂性要求，必须赋予团队成员较多的权力才能完成任务；第三，赋予团队成员权力也能增强成员对团队的认同感、归属感和获得感。

5. 计划

计划是创业团队未来的发展规划，也是目标和定位的具体体现。在计划的帮助下，创业团队能够有效制定短期目标和长期目标，能够提出目标的有效实施方案，以及加强实施过程的控制和调整措施。

二、大学生创业者与创业团队

创业之路有时候是孤独的，是充满不确定性的，甚至是高风险性的，但如果创业者拥有合伙人或者拥有自己的创业团队，那么在创业的“荆棘道路”上就不会那么孤独，也不会那么独断了。

创业是一个综合性很强的活动，一个人很难做到面面俱到。目前，大部分优秀企业所取得的辉煌成就，无一不是建立在完善与合理构建创业核心团队之上的。甚至可以说，完善与合理构建创业核心团队的重要性超过了商业模式和行业的选择。对于大学生创业者和他们组建的创业团队来说，这种重要性更是不言而喻。

例如，电影《中国合伙人》所讲述的故事曾引发人们的广泛热议。影片中保守务实的成东青，有海外留学背景和激进改革理念的孟晓骏，以及文艺青年王阳，都各有特点，也正是他们自身的特点，成就了他们的“新梦想”。

团队的力量不是若干个体的简单相加，而是个体有机结合后形成的一种新力量。只有优秀的团队，才有优秀的个人。没有优秀的团队，那么优秀的个人也很难有大的发展。团队同样会受到短板效应的影响，一个团队的业绩取决于最薄弱环节的改善程度与改善速度。此外，投资人对创业项目的考察要点之一，就是考察它的创业团队。甚至，对创业团队的考察是决定是否投资的第一要素。

创业团队是创业成功必不可少的要素。一方面，在创业的过程当中，如果碰到问题和困难，或者有其他选择的时候，一个人做决定是很容易改变想法的。这一点，很多人在学习和生活中也会有类似的体验。例如，在冬天，气温很低时，一个人去上自习需要有足够强大的意志力才行，但如果有另外一个同学愿意一起去，那么去上自习就显得容易很多。

另一方面，创业往往需要解决产品技术、市场推广、客户服务、内部管理、外部关系等方方面面的问题，很少有创业者能够面面俱到。即便创业者工作能力强大到能事事应对下来，但由于时间和精力的限制，也必然要把一部分工作分给团队成员。创业企业起步阶段需要全心投入，仅仅靠单打独斗是无法支撑创业期的工作付出和劳动强度的，所以创业者不仅仅要引入工作同伴，而且要引入能全身心投入的创业同伴，也就是合伙人，或者说是创业核心团队成员。

一个找不到合伙人的创业者很可能并不适合创业，并且也不容易得到投资人的青睐，因为投资人会有以下顾虑。

（1）创业者自我认知不清，对所需要的合作伙伴还不明确。

（2）创业者不善交际，朋友圈很小，提供不了可供选择的合伙人人选。

（3）所谓“人至察则无徒”，没有合伙人的创始人可能是一个苛刻、难以合作的人。

有一部分企业家选择一个人“单干”，确实也取得了创业的成功。单干固然有一些优点，如一个人就决定了企业的风格、决策很快、执行力度很强。但是就当前来看，多人组合，尤其是3人组合取代“单干”的趋势越来越明显，创业成功率也更高。

显而易见，由于市场竞争日益激烈，留给创业者逐渐成长的时间越来越少，有团队必然强于没有团队。然而，创业团队不同于一般的群体，其更侧重于成员素质而非成员数量。还需要注意的是，精英的集合也并非就一定能形成优秀的团队。或者说，很多的“大咖”和“牛人”组合在一起并非就一定是优秀的团队。没有长期的默契和良好的配合，再多的“牛人”也难以发挥出合力。

三、大学生创业团队的组建

大学生创业团队的组建也应遵循常规的组建流程和原则，并注意处理常见的问题。

（一）创业团队组建概述

创业团队是在创业初期，由一群素质能力互补、角色分配明确、责任风险共担、甘为共同的创业目标而努力奋斗的创业者所组成的群体。一个具有高度凝聚力的创业团队对于企业的成功创立、企业的生存及企业的发展都具有非常重要的影响。俗话说：“三个臭皮匠顶个诸葛亮。”臭皮匠们能胜过足智多谋的诸葛亮就是他们精诚团结、高效合作的结果。

创业团队的组建模式一般有3种：关系驱动模式、要素驱动模式和价值驱动模式。

关系驱动模式是指由创业领导者的人际关系圈内的成员构成团队，他们因为经验、友谊和共同兴趣结成合作伙伴，彼此发现商业机会后共同创业。依靠这种模式组建创业团队最简单，且与我国文化的特点相契合，其团队的稳定性相对较高，但是关系的远近亲疏经常会成为制约团队发展的短板。

要素驱动模式是指创业团队成员分别贡献创业所需的创意、资源和操作技能等要素。由于这些要素形成互补，所以团队成员之间处于相对平等的地位。这一模式比较符合西方文化特点，现在的互联网创业团队大多属于这种模式。如果成员之间磨合顺利，可以加速企业的成功；但如果磨合不顺利，就很容易解散。

价值驱动模式是指创业成员将创业视为一种实现自我价值的手段，他们的使命感和成功的欲望很强烈。在这一模式下组建的团队，其成员是为了追求自我实现而走到一起，但同时也很容易产生分歧。

不同的团队组建模式适用的条件不尽相同，一个企业的团队组建模式也不是单一类型的。很多时候，团队组建会同时具有 3 种组建模式的特点，如果盲目照搬、照套某种组建模式，会给创业企业带来巨大风险。

创业团队的组建需要一个过程，很可能最初的团队成员在完成各项创业任务的过程中，出于种种原因，放弃了创业想法，离开了团队，但也会有新人加入创业团队。那些与创业领导者一路携手并进的团队成员可谓大浪淘沙后的“珍宝”，他们爱彼此、爱团队、热爱共同的目标和事业。

真正有创业精神与坚定创业意志，并且经历锤炼的团队才是志同道合、情投意合，并且能力契合的稳定团队。

找到合适的创业核心团队成员和招聘员工是完全不同的两件事。沃伦·巴菲特认为，如果想要去考察一个人是否可以作为合作伙伴，那么就要看他是否具有这样的素质：正直（是否正直可靠）、智慧（是否拥有智慧并善于思考）和活力（是否有活力且勤劳）。如果没有正直的品格，那么后两样就都是没有价值的，甚至会起到反作用。沃伦·巴菲特的观点和一则中国古代谚语非常契合：大才靠德，中才靠智，小才靠勤。所以在寻找创业核心团队成员时，最重要的是找一个志同道合的人，一个能相互认可、相互欣赏并且正直可靠的人。

作为大学生创业者，找到志同道合、相互欣赏、相互认同的人是一个决定发展的深度命题。随着大学生创新创业教育的逐步推广，大学生创新创业的人数规模、发展状况、科技含量都在不断提高。就目前来看，大学生创业团队的成员组成结构通常有以下 3 种。

（1）“在校大学生 + 在校大学生”模式。这类创业团队依托校内资源，积极向校外扩展，其成功率与发展潜力很大程度上取决于团队成员的素质。

（2）“在校大学生 + 就业人士”模式。这类创业团队既能得到一定的政策优惠，又有一定的行业经验，具有一定的发展潜力。

（3）“就业人士 + 就业人士”模式。这类创业团队具有一定的实践经验与创业资源，创业成功率较高。

目前，大多数在校大学生创业团队主要属于前两种模式，多由一些私交很好的伙伴（包括伙伴介绍引荐而来的某一方面紧缺人才）组成。同时，创业领导者也会从磨合过、配合过的人中去寻找创业伙伴，如朋友、同事、同学、校友等。综合来讲，人际上的交集是大学生创业团队招募合伙人最重要的条件，其次才是技术背景上的交集。

（二）创业团队的组建程序

创业团队的组建是一个较为复杂的过程，也是创业者和团队成员不断成长与磨合的过程。不同类型的创业项目所需的团队类型不一样，团队创建的步骤也不完全相同。概括来讲，大致的团队组建程序如下。

1. 明确创业目标

大多数的创业团队，其团队成员都有着共同的理想和创业激情，拥有一定的专业知识和技术基础，为了更好地实现自身的社会价值和人生追求而走到一起进行创业实践。团队成员的个人目标与创业团队的愿景基本一致，认同团队的目标和方向，拥有共同的价值观，因而具有良好的凝聚力。

2. 制订创业计划

在确定总目标以及阶段性子目标之后，紧接着就要研究如何实现这些目标，这就需要制订周密的创业计划。创业计划是在对创业目标进行具体分解的基础上，以团队为整体来考虑的计划，创业计划确定了在不同的创业阶段需要完成的阶段性任务，通过逐步实现这些阶段性任务来最终实现创业目标。

3. 招募合适的人员

招募合适的人员是创业团队组建的关键步骤之一。关于创业团队成员的招募主要应考虑以下两个方面。

（1）互补性，即考虑其能否与其他成员在能力或技术上形成互补。

（2）适度的规模，这是保证团队高效运转的重要条件之一。团队成员太少则无法实现团队的功能和优势，而过多又可能会产生交流的障碍，团队很可能会分裂成许多较小的团体，进而大大削弱团队的凝聚力。

4. 职权划分

为了保证团队成员执行创业计划、顺利开展各项工作，必须预先在团队内部进行职权的划分。创业团队的职权划分就是根据执行创业计划的需要，具体确定每个团队成员所要担负的职责以及所拥有的权限。团队成员间职权的划分必须明确，既要避免职权的重叠和交叉，也要避免无人承担工作造成的疏漏，确保团队以较高的效率完成任务。

5. 构建创业团队制度体系

创业团队制度体系体现了创业团队对成员的控制和激励能力，主要包括团队的各种约束制度和激励制度。一方面，创业团队通过各种约束制度（主要包括纪律条例、组织条例、财务条例、保密条例等）对团队成员进行有效的约束，保证团队的稳定秩序，避免其做出不利于团队发展的行为；另一方面，创业团队要实现高效运作需要有效的激励机制（主要包括利益分配方案、奖惩制度、考核标准、激励措施等），使团队成员看到随着创业目标的实现，其自身利益也随之增大，从而达到充分调动创业成员积极性、最大限度地发挥团队成员作用的目的。要实现有效的激励，首先必须界定团队成员的收益模式，尤其是关于股权、奖惩、待遇等与团队成员利益密切相关的事宜。需要注意的是，创业团队的制度体系应以规范化的书面形式确定下来。

6. 团队的调整

拥有完美组合的创业团队并非一蹴而就的，它需要在企业创立一定时间以后，随着创业企业的发展而逐步形成。随着团队的运作，团队组建时在人员匹配、制度设计、职权划分等方面的不合理之处会逐渐暴露出来，这时就需要对团队进行调整，因此团队调整也应是一个动态持续的过程。

（三）创业核心团队的组建原则

组建创业核心团队虽然没有现成的、统一的万能公式，但创业团队的领导者可以参考以下几个基本原则。

1. 彼此了解

创业核心团队的所有成员都应该相互非常熟悉，知根知底。在创业团队中，团队成员都应非常清醒地认识到自身的优劣势，同时对其他成员的长处和不足也一清二楚，这样可以很好地避免团队成员之间因为相互不熟悉而造成的各种矛盾、纠纷，从而强化团队的向心力和凝聚力。

2. 相互信任

信任是团队核心成员解决分歧、达成一致的唯一途径。大学生组建的创业团队不仅要志同道合，更需彼此信任。最初创业时，要把最基本的责、权、利说得明白透彻，尤其是股权和收益分配。这样在企业发展壮大后，才不会出现因利益分配产生矛盾而导致创业团队解散的情况。

3. 理念一致，目标相同

所有核心成员都必须认同大家共同确定的创业目标、分配制度、管理制度、企业发展战略、经营理念、企业文化等，都必须保持对企业长期经营的信心。

4. 取长补短，相得益彰

建立优势互补的创业团队是保持创业团队稳定的关键。要使创业核心团队发挥最大的能量，在创建团队时不仅要考虑成员之间的关系，更重要的是考虑成员特长之间的互补性，如彼此的性格、经验、专长、技术等，以此来达到团队的平衡。

一般来说，一个优秀的创业团队必须包括以下几种人。

（1）一个很好的“领导者”。此人能够高瞻远瞩，为企业规划战略和战术；必须有很好的人品，处事公正，能够服众，能够团结整个团队；必须具有很好的协调能力，能够及时化解团队成员之间的矛盾。

（2）一个很好的“管家”。此人主要负责企业的日常运营及各项规章制度的制定。由于企业日常事务非常琐碎，因此，此人必须心思缜密、工作细致。

（3）一个很好的“财务总管”。资金是企业的生命线，因此，创业团队中最好有一个好的“财务总管”，能合理地安排企业收支，帮助企业融资。

（4）一个很好的“营销总监”。人们经常说，产品是基础，营销是龙头。如果营销不行，产品就不能变成钱，企业只能关门大吉。

此外，如果创业企业是一个技术类企业，可能还需要一个很好的技术专家，从而帮助企业不断地将技术或产品推陈出新，始终站在行业的前沿。

（四）创业团队组建中常见的问题

调查显示，创业团队的成员构成很难保持一成不变，有82%创业团队的核心成员离开了企业，其主要原因大致有以下几种：个人规划和企业发展冲突（占40%）、利益分配不均（占30%）、内部人员分歧（占18%）和管理结构调整（占12%）。

此外，还有一种普遍现象：大学生创业团队无法顺利熬过企业成立的前5年，并且创业团队产生分裂的概率和人员流失率都较高。产生这种现象的原因除了团队成员的能力无法适应企业发展和组织要求外，更多的矛盾冲突源于初始阶段向正常经营阶段过渡时的企业管理正规化，这与创业团队的组建缺少明确的规划有很大关系。

创业团队在建立之初缺少明确的目标，对各个岗位的职责和权限划分不清，容易导致在工作过程中产生摩擦。随着创业企业规模的不断扩大，许多创业初期的运营和利益分配模式可能不再适应发展，导致核心成员离开。他们不仅带走企业核心技术，带走优秀员工，甚至成为企业的主要竞争对手。

1. 创业团队稳定性不高

绝大多数创业者在选择创业时都会面临各种选择。例如，大学生创业者可以选择就业、考研、出国深造等，其中任意一种选择的风险都远小于创业。若在创业时，创业团队成员的决心不大、信心不足、意志不坚，就有可能在遇到困难和挫折时选择放弃创业。

有的创业成员，因为创业中事务繁忙而影响了正常的专业学习或家庭生活，造成学业或生活上的挫折，于是不得不离开创业团队。此外，创业团队的建立动因在于对项目的良好预期，而理想和现实总是存在差距，当创业遭遇挫折时，一些对创业结果期待较高的成员易在心理上产生波动，影响团队的稳定性。

一些团队成员在面对同龄人在职场中的成功时，容易产生攀比心理，以致在急功近利的心态下，耐心程度明显不足，最后导致创业失败。随着企业规模扩大，一些创业团队成员缺乏持续的学习精神和吃苦耐劳的品质，导致后续发展能力不足，当初的创业激情和意志消磨殆尽时，他就成了企业发展的阻力，因而被自然或强制淘汰。

创业团队的不稳定性还表现在人才的流失方面。人才流失的原因主要是受到竞争对手的“挖墙脚”。对创业团队来说这是一个双倍的损失，甚至是致命的。因为这样的人才流失不仅会削弱创业团队的力量，还有可能会强化竞争对手的力量。

2. 人员组成不科学，制度不完善

在组建创业团队时，大家很容易忽视团队领军人物的个人创业素质与能力，往往将出资多、年纪大、关系近，或者是最早识别到商机的发起人确定为创业团队领军人物，整个组建创业团队的过程过于简单和依赖人际关系。

一旦企业在成长过程中遇到重大问题，创业团队领军人物无法承担起迅速作出正确决策，提高团队成员凝聚力的责任，企业就很难摆脱困境。大学生创业伊始，由于经验不足，组建团队时对团队成员也没经过认真的筛选，成员往往只是因为同学、朋友等关系才确立。虽然团队成员之间可称得上是志同道合，相互之间也较为了解和信任，但是，由于他们拥有的知识、技能、经验相似且重叠程度高，获取资金、人脉等创业资源的贡献有限，于是在很大程度上影响了团队对素质技能互补的要求。并且成员之间的分工也不明确，不利于企业成长。

此外，由于创业团队以人际关系为纽带，各种相关制度的建设没有引起重视，并且碍于人情，即使有制度往往也无法落实。例如，创业之初没有明确的利润分配原则，没有设计好创业后期发展和管理中的职位、权力激励机制及明确的惩戒措施等。

创业企业的成立需要一定的资金支持，很多创业团队建立之初是通过大家共同出资筹集所需的资金，或者是每个人根据自身经济状况投入不同份额的资金，如果不确立好相关制度，就会为后面的利益分配矛盾埋下伏笔。

在创业过程中，创业团队成员因为心理不成熟而导致遇到问题时无法合理解决的情况也会存在。性格的差异、理念的不合在刚开始创业时会被掩盖，但随着创业活动深入发展，创业成员的思维、性格不同导致目标和价值观出现冲突，如果得不到很好的沟通，就会导致成员之间出现隔阂，导致“1 + 1 < 2”甚至“1 + 1 < 1”，直至团队解散。

第四节　创业调研方案的设计

一、创业调研方案设计的概念

创业一直都是勇敢者的游戏，细数成功者的脚印，便不难发现，其实创业是有准备者的战场。不打无准备之战，知己知彼，方能百战不殆。当一次机会（项目、产品）出现在创业者面前的时候，创业者往往会举棋不定，这仗打还是不打，值不值得打。古代兵法有云："兵马未动，粮草先行"。做任何一件事情，前期的准备工作是必不可少的。凡事预则立，不预则废，创业更是如此。

创业调研方案的设计，就是根据创业者所调查的目的和调查对象的性质，在进行实际调研之前，对调研工作总任务的各个方面和各个阶段进行通盘考虑和安排，以提出相应的调研实施方案，制定合理的工作程序。调研工作所需要经历很多个阶段和环节，如调查资料的收集、整理和分析等。只有在调研工作开始前进行统一的安排和考虑，才能避免调研内容上出现重复和遗漏，保证调研工作有秩序、有步骤地顺利进行，减少调查误差，提高调查质量。简单来说，创业调研是营销调研的一部分，是将营销调研的理论运用到创业方面，为创业者初期提供市场信息，方便创业者了解市场状况，认识市场现状。

二、创业调研方案设计的重要性

在创业前进行市场调研是非常有必要的，这个调研是一项复杂的、严肃的、技术性强的工作。在进行创业调研时，参与者会有很多，为了在调研过程中统一认识、统一内容、统一方法和统一步调，圆满地完成创业调研的任务，就必须制订出一套科学、严密、可行的工作计划和组织措施，以使所有参与调研工作的人员都依此执行。具体来讲，调研方案设计的重要性有以下 3 点。

第一，从认识上讲，调研方案设计是从定性认识过渡到定量认识的开始阶段。虽然市场调研所收集的许多资料都是定量资料，但应该看到，任何调查工作都是先从对调研对象的定性认识开始的，没有定性认识就不知道应该调研什么和怎么调研，也不知道要解决创业过程中的什么问题和如何解决这些问题。

第二，从工作上讲，调研方案设计起着统筹兼顾、统一协调的作用。在创业调研过程中会遇到很多复杂的矛盾和问题，其中有的问题是属于调查本身的问题，也有很多是与调查相关的问题。因此，必须通过调研设计，设置调研流程，才能分清主次，根据需要和可能采用相关的调研方法，使调研工作有序地进行。

第三，从实践上来讲，调研方案设计能够适应现代市场调研发展的需要。市场调研过程也被视为调研设计、资料收集、资料整理和资料分析的一个完整工作过程，调研设计正是全过程的第一步。

三、创业调研方案设计的主要内容

创业调研方案的设计是对调研工作的各个方面和全部过程的通盘考虑，包括整个调研工作的全部内容。调研总体方案是否科学、可行，是整个调研工作成败的关键。

（一）确定调研项目

明确了调研目标之后，需要明确调研哪些方面的内容才能达到调研目标，即确定调研项目。调研项目是调研目标的具体化，应该围绕调研目标来设置。

确定调研项目对于调研方案的设计者来说是相当重要的一个环节。首先，调研项目的确定规定了问卷设计或访问提纲的范围；其次，调研项目的确定决定了调研的对象和调研方法；最后，调研目标是否能达到，在策划阶段只有通过调研人员所规定的调研项目来判断。调研项目是否全面、适当，在很大程度上将影响调研方案能否被企业所接受、认可。

（二）选择调研的类型

营销调研根据营销问题的实质可以分为探索性调研、描述性调研和因果性调研。探索性调研通常为了获取有关调研问题的一般性背景资料而进行的一种非结构化和非正式的调研，描述性调研是对有关谁、什么、哪里、何时和怎么样等问题答案的描述，因果性调研可以被认为是按照“如果 X……那么 Y”这样的条件语句来理解的一种现象。

在选择调研类型的时候可以根据调研问题的不确定程度来确定。如图 4－1 所示，探索性调研主要用于决策制定的前期，在调研人员对问题的属性还不确定的情况下进行。描述性调研是在调研人员发现了某个问题，需要对这个问题进行进一步了解时进行。因果性调研则用于帮助调研人员更精确地确认问题。

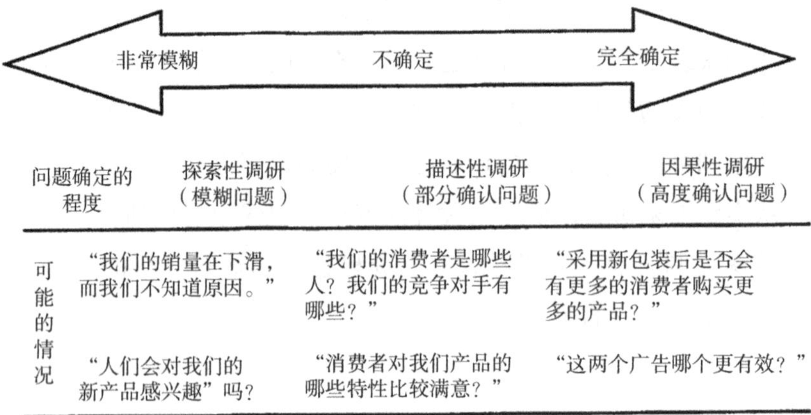

图 4－1　创业调研的类型

资料来源：陈凯．营销调研［M］．北京：中国人民大学出版社，2011.

（三）选择基础调研方法

根据调研的目标、数据的现有来源以及获取数据的成本等问题，调研人员需要确定基础的调研方法，基础的调研方法包括调查、案例研究、实验、二手数据和观察。

1. 调查

调查主要通过使用问卷的形式从抽样人群中收集信息，是获取原始数据最常用的方法。调研人员需要根据调研目标来精心准备调查问卷的格式和问题。调研人员需要选择与被调查者的交流方式。交流方式根据不同的调查问题和调查内容来确定，可以选择通过电话、邮件、面对面、互联网或其他媒介。

选择被调查者可以根据不同的调研目标。被调查者可以是一般的消费者、批发商、零售商，也可以是在产品相关领域具有丰富经验的专家。不同的调研类型也可能会影响到被调查者的选择。探索性调研通常通过个别询问知识丰富的被调查者或小型群体来进行。与此相反，描述性调研是通过在短的时间（10～20 分钟）内向大量的被调查者询问一些简单的问题。不同的调研类型也可以选择不同的访问方法。例如，探索性调研可以选择焦点群体的采访、深入采访等方法。

为了与被调查者进行有效的交流，所有的直接调查人员需要经过培训，需要了解提问的技巧以及简单地辨别被调查者态度的方法，如果被调查者的态度不配合则可能导致调研数据出现偏差。

2. 案例研究

调研人员可以通过对类似或相似的案例进行调研来帮助解决调研问题，包括调研历史案例和模拟案例。

（1）调研历史案例。调研历史案例的方法可以通过密集分析几个目标案例，得到有助于解决调研问题的相关资料。例如，了解市场中可能影响新产品销量的各种因素，了解这些因素之间是否存在某些联系，以及这些因素对销量可能产生的影响的程度等。调研历史案例的方法通过分析选择的目标案例，可以反映出：对比的业绩水平，如良好的和糟糕的市场；业绩的快速变化，如进入市场的竞争者；事件发生的顺序，如从间接努力到直接努力的转变过程中不同阶段的销售领域。

（2）模拟案例。模拟案例是通过对产品在市场环境中发生的各种可能的情况，有针对性地进行模拟，以此来获得相关的数据或是解决问题的方法。这些数据大部分是以计算机为基础的。通过在计算机上模拟操纵可以操纵的因素以及观察它们对于销量或是满意度等方面的影响。模拟案例可以用来获得市场体系变化的动态过程。市场调研模拟案例需要数据输入，这些数据输入与想要模拟的环境以及各环境变量之间的关系有关。

与其他数据来源比较，模拟案例的方法有一定的优势。与进行调查的方法比较，模拟案例的方法数据收集所需的时间较少，而且要分析的数据可能较少。模拟案例可以在组织内完全秘密地进行，而其他数据来源并不能保证这种程度的安全性。模拟案例可以用于评估不同的市场调研战略，并且提供对不同战略的评价。另外，模拟案例可以被用作组织成员的培训工具，可以使得与市场活动没有直接牵扯的个人领会到市场体系如何运作，以及如何影响该领域的决策。

模拟案例的局限性在于发展有效的模拟案例模型比较困难，并且随条件变化更新模型需要一定的时间和成本。如果调研组织对于要调研的市场现象或市场背景知识了解比较少，例如新市场，模拟案例的方法就不太可行了。

3. 实验

实验法是调研人员通过控制一个或多个实验变量（如产品特征、价格水平、广告水平或广告吸引力等）来得到实验数据，然后通过衡量这些控制对一个或多个有关的因变量（如销售和产品偏好情况）产生的效果，得到相应的调研结果。

实验的目标是消除影响市场变量的不确定性因素，以研究一个变量变化时会引起的因变量变化效果，也因此实验仅在其他变量被控制或去除的情况下有用。然而，在真正的市场中各种因素都具有很大的不确定性，同时实际市场很难被控制，因此，实验法得出的数据在现实市场中应用具有一定的局限性。

4. 利用二手数据

二手数据是该调研项目之前，由其他人为了其他目的而收集并记录下来的有关数据。二手数据一般是历史性的，而且已经整理完毕，不需要任何应答者或调研对象。二手数据的优点在于，和原始数据相比更容易获得；缺点是这些数据有些过时，而且不是为了满足调研人员的需求而专门设计的。这样，调研人员就需要知道数据与特定项目的相关程度。为了评估二手数据，调研人员需要了解这些数据的主题、调研对象、调研时间等问题是否与目前的调研项目相符合。

二手数据按照来源的不同可以分为内部二手数据和外部二手数据。

（1）内部二手数据。内部二手数据是那些源自企业内部的数据，或者是由企业最先记录的数据。多数企业的会计系统一般可以提供很多的信息资料。最常见的就是销售与成本的记录，调研人员可以利用这些决策支持系统来进行更细节的分析。内部数据的其他来源还包括销售人员的电话报告、顾客意见、服务记录、保修单返回或其他记录等。调研人员可以根据不同的调研目标对这些信息进行整合。内部二手数据的最大优势就是获取成本低，并且可提供性很高。

（2）外部二手数据。外部二手数据是由机构实体而不是调研人员所在企业创造或记录的数据。例如，政府、报纸和期刊、商业协会及其他组织都可以产生或提供这类信息。这些信息在以前一般是出版物的形式，可以在公共图书馆、商业协会或政府相关部门查阅。在当今时代，随着计算机化数据存档技术迅速发展，获取外部数据在一定程度上变得容易了。同时，随着网络的飞速发展，互联网早已成为获取数据的一个主要渠道。

5. 观察

观察是指调研人员可以通过观察被调查者或竞争对手现在的行为或过去行为的结果，获得对于企业作出决策有帮助的相关信息。观察法的主要优势是，它不依赖访问者的报告，而是直接记录有关行为，同时也减少了由于行为者回忆而产生的误差。例如，某公司在电视机上安装了一种测量仪器，记录每个家庭成员收看的节目类型。这样就可以避免被调查者带有任何偏见来回答调查。例如，有的家庭明明是看其他频道的娱乐节目，却回答说在看新闻联播后的焦点访谈。调研人员可以通过观察准确地记录人们的行为的内容以及过程，但是它不能用来确定行为所隐含的动机、态度以及其他思想状况。

（四）确定调研对象和调研单位

调研对象是根据调研目的确定的调查研究总体或调研的范围，调研单位是构成调研对象的每一个单位，它是调研项目和指标的承担者或载体。调研对象和调研单位的确定实际上就是确定调研人员需要向谁提出问题，从哪里获取数据的问题。例如，对某市吸烟人群的消费情况进行调查，其对象就是该市所有吸烟的人。在确定调研对象时，应该注意以下几个问题。

1. 明确界定调研对象

由于市场的多变，因此调研对象也是比较复杂的，必须以科学的理论为指导，严格界定调研对象的内涵，并指出它与其他有关现象的界限，以免调研实施时由于对象的界限不明确而发生差错。

2. 确定调研单位

调研单位的确定取决于调研目的和对象，如果调研目的和对象发生了变化，调研单位也应该随之而变化。

3. 调研方式和调研单位的关系

不同的调研方式会产生不同的调研单位。如果采取普查方式，调查总体内所包含的全部样本都是调研单位；如果采取重点调研方式，只有选定的少数重点样本是调研单位；如果采取抽样调研方式，用各种抽样方法抽出的样本为调研单位。

（五）确定调研的时间规划

调研时间规划是指展开调研的具体时间和需要多少时间完成。不同的调研课题、不同的调研方法，有不同的最佳调研时间。例如，对于入户调查，最好的调查时间是在晚上和周末休息日，这时候家中有人的概率比较大，成功率较高。如果采用观察法掌握超市的人流情况，为了使样本具有更好的代表性，应选择不同的时间段。因为在一天当中不同的时间范围内，人群流量存在很大差异，在一周当中，工作日和休息日人群流量也有很大不同，只有对观察的时间段进行精心选择设计，才能有科学、合理的推断结果。另外，调研的方法和规模不同，调研工作的周期也不同。例如，邮寄调研的周期较长，而电话调研的周期较短。大规模的入户调查，其周期通常也比较长。

在进行调研方案的设计中，调研时间一般用调研进度表来表示。确定调研进度表，一方面可以指导和把握计划的完成进度，另一方面也可以控制调研成本，以达到用有限的经费获得最佳效果的目的。

（六）进行经费预算

营销调研的经费预算是调研设计中的重要内容。调研的费用通常与调研范围、调研规模、调研方法等相关。通常，一项营销调研项目的预算包括以下内容：①调研方案设计、策划费用；②抽样设计、实施费用；③问卷设计费；④问卷印刷装订费；⑤调研实施费用（包括测试调查费、交通费、邮寄费、调查人员劳务费、受访者礼品费以及其他相关费用）；⑥数据录入、审核费；⑦数据统计费；⑧报告制作费；⑨办公费用（如会议费、专家咨询费等）；⑩其他相关费用。某企业制作的营销调研估价单见表4－1。

表4－1　营销调研估价单

费用支出项目	数量	单价/元	金额/元	备注
调研方案设计、策划费用				
抽样设计、实施费用				
问卷设计费				
问卷印刷装订费				
测试调查费				
调查人员劳务费				
受访者礼品费				
交通费				
数据录入、审核费				
数据统计费				
报告制作费				
办公费用				
其他相关费用				
总计				

（七）制订调研的组织方案

在调研策划阶段需要对调研整体的组织方案进行计划。例如，进行各工作环节的人员配备和设定工作目标、对调研的质量进行控制和监督、对访问人员进行培训，等等。在制订调研组织方案过程中需要处理好以下几点：在调研中负责不同任务的人员之间的配合，如方案设计者、访问人员、汇总和处理资料的人员以及对资料进行分析统计的人员等；调研中人、物、财各方面因素的相互配合；调研过程中各个环节、各个部门之间的相互配合。注意到以上几点，会使整个的组织结构的各个部分都可以更有效地发挥作用。某企业调研作业进度表见表4－2。

表 4－2　调研作业进度表

日期	相关内容	负责人	备注
	总体方案及抽样方案的论证，设计问卷		
	问卷初稿设计		
	问卷测试		
	问卷修正、印刷		
	访问人员的挑选和培训工作		
	调查实施		
	电脑录入和统计处理工作		
	撰写调查报告		
	报告打印，提交报告		

第五章　大学生创业能力的培养

第一节　大学生创业意识

创业意识是指在创业过程中，对创业者起推动作用的个性心理倾向。创业意识包括创业的需要、动机、兴趣、理想、信念等心理成分，支配着创业活动中创业者的态度和行为，是创业的动力。

一、创业意识的内涵

创业需要是创业活动的最初诱因和最初动力。只有当创业需要上升为创业动机时，才能形成心理动力。创业动机对创业行为产生促进、推动作用，有了创业动机，标志着创业实践活动即将开始。创业兴趣能激发创业者的深厚感情和坚强意志，使创业意识得到进一步升华。一般在创业活动中取得了一定成效时，便会引起兴趣的进一步提高。

创业意识是人们从事创业活动的出发点与内驱力，是创业思维和创业行为的前提。大学生创业意识是大学生根据社会和自身发展的需要所引发的创业动机、创业意向或创业愿望。

大学生创业意识的形成，不是一时的冲动或凭空想象出来的。从心理学的角度分析，创业意识源于对现实条件和就业状况的客观分析，是由于对成功的渴望和对现状的不满足而激发出来的强烈事业心和使命感，并由此产生的更高的人生价值追求。

因此，对于每一个希望创业的人，都必须首先强化创业意识。华东师范大学在一项关于大学生创业意识的调研中，研究者对多所高校的540名全日制本科生进行了问卷调查。统计结果显示，当代大学生的创业意识表现为激情与理性并存：77.6%的大学生表示考虑创业；35.9%的大学生认为资金是大学生创业的最大困难；28.9%的大学生认为社会关系不够宽广、不利于开展工作是最大的困难；19.1%的大学生认为最难的是兼顾学业，时间、精力有限。多数大学生缺乏创业方面的经验，他们在大学期间除从事家教外，只有一些简单的兼职经历，如发广告传单、产品推销与发放调查问卷等。在创业方式的选择上，8.4%的大学生选择独立创办自己的工作室，71.7%的大学生选择与志同道合的朋友成立小公司。

二、创业意识的内容

通常情况下，创业意识包含商机意识、转化意识、战略意识、风险意识和敬业意识。

（一）商机意识

真正的创业者，会在他创业前、创业中和创业后，始终面临着识别商机、发展市场的考验。他必须有足够的市场敏锐度，可以宏观地审视经济环境，洞察未来市场形势的走向，以便作出正确的决策来保证公司的持续发展。

（二）转化意识

创业者仅有商机意识是不够的，还要在机会来临时抓住它，也就是把握机会，把商机转换成实实在在的收入和公司的持续运作，最终实现自己的创业梦想。转化意识就是把商机、机会等转化为生产力，把自己的才能和在学校学到的知识转化为智力资本、人际关系资本和营销资本。

（三）战略意识

创业初期给自己制订一个合理的创业计划，解决如何进入市场、如何卖出产品等基本问题。创业中期需要制定整合市场、产品、人力方面的创业策略，转换创业初期战略。需要指出的是，创业战略不止一种，也没有绝对的好坏之分，关键要适合自己的创业之路。在这条路上应该时刻保持着战略的高度，不以朝夕得失论成败。

（四）风险意识

创业者要认真分析自己在创业过程中可能会遇到哪些风险，一旦这些风险出现，要懂得应该如何应对和化解。大学生是否具备风险意识和规避风险的能力，将直接影响创业的成败。

(五) 敬业意识

大学生创业，一定要务实、要勤奋、要敬畏这个行业，不能光停留在理论研究层面。可以从小投资开始，逐步积累经验，不能只想着一口吃个胖子。没有资金、没有人脉都不要紧，关键要有好的思路和想法，要有敬业意识，有勇气迈出第一步，才会成功。

三、培养大学生创业意识的意义

21 世纪是一个创新的时代，社会需要具有创新与创业精神的高素质创造性人才。中共中央、国务院《关于深化教育改革、全面推进素质教育的决定》要求："高等教育要培养大学生创新能力、实践能力和创业精神，普遍提高大学生的人文素质和科学素质。"创业教育是一种新理念下的创新教育，创业意识是创业教育中的重要构成要素，是创业素质的一种内化表现。从大学生自身素质的提高、高等学校发展、社会需要来看都具有深远的意义。

(一) 有利于大学生就业创业观念的转变，提高大学生的综合素质

长期以来，大学毕业生深受"学而优则仕""重仕轻商"的观念影响，创业的观念不强。清华大学创业中心的一项调查报告显示，在创业教育方面，中国的平均水平低于全球创业观察统计的平均水平（Globe Entrepreneurship Monitor，GEM）。中国大学生创业比例不到毕业生总数的 1%，而发达国家有的高达 20% ~30%。在这种教育环境下，学生知识创新意识不足，普遍缺乏一种创新精神和冒险精神。加上传统上太过于注重学习的过程与形式，而忽略了学习的目的，因而走出校园谱写创业史的人不多。这鲜明的对比反映出我国大学生与发达国家大学生在就业创业观念上的差别。

养成创业的意识和创新能力是时代赋予当代大学生的使命，大学生应该敢于面对新问题、新情况、新环境、新变化，培养敢于形成新思路、新观点、新方法、新对策的个性心理品质，迎接时代的挑战。通过理论与实践的学习，使其具有谦逊的态度、坚强的意志、强烈的自信、百折不挠的精神和健全的人格；提高综合素质，从而改变被动的就业观念，激发创新意识与创业意识，有勇气去创业；能够为自己和他人提供就业岗位，为社会创造价值，实现自己的人生目标。

(二) 有利于改革高等学校教学体制，发展高等教育理论研究

教育的功能不仅仅是文化的传递和延续，更应该是通过一系列的活动，培养高

素质、创新型的人才，为社会服务。而现行高等教育体制下培养的大学生大部分不善于应用已有的知识去发现问题、解决问题。在这种教育模式下大学生思维很难有创新，势必会影响他们的发展，很难和国际教育接轨与对话，从而限制我国高等教育的发展。创业教育是新的教育内容，培养大学生的创业意识、创业精神需要高等学校采取新的教育方法，需要高等学校重新审视影响大学生发展的问题，进行多角度的研究，这势必推动高等教育体制改革。

创业教育培养的是一代既能动脑又能动手，既有开创精神又有一定创业能力，既能从事一般生产劳动又能从事某种开拓性的创业活动的劳动者。这就把教育综合改革的目标提高到了一个新的更高的层次，开拓了一个新的研究和实践领域。大学生创业意识培养的提出，为高等教育理论研究提供了一个全新的研究视角，开拓了新的研究领域，创业意识培养的研究成果必将推动高等教育研究理论发展。

（三）有利于营造全民创业的氛围，促进社会的和谐发展

意识决定行为，创业意识是创业人才培养的关键。大学生有理想、有知识、容易接受新事物。大学生是创业文化传播的先锋，是沟通社会与家庭的桥梁。通过大学生创业思想的传播可以得到家庭方面的支持，让家庭成员参与进来。家庭是社会的细胞，如果每个家庭都有一份相对殷实的家业，家庭就会有更多的安全感和幸福感，社会就会更加和谐发展。创业需要培植创业文化，增强创业意识，最重要的要有创业激情。比尔·盖茨曾言："微软是我的情人。"没有激情，微软不可能成为世界巨头。而大学生富有激情，一定能营造全民创业的氛围，让全民创业的主流意识奔流起来。只有创业才能为人们提供真正充实、有活力的生活，实现人与人、人与自然、人与社会的和谐，才能实现人们的理想，实现富民目标。通过培养大学生的创业意识，激发大学生的创业潜能，使其在条件成熟的时候创业，在全社会形成一个"百姓创家业、能人创企业、干部创事业的"的全民创业的生动局面。

四、培养大学生创业意识的途径

创业意识是创业开展的主观条件，是大学生创业成功的前提。创业意识不是天生就有的，而是在后天的生活工作中，经过一系列的活动的训练，激发人的强烈的创业欲望而形成的。大学生创业意识的形成是大学生自身、家庭教育、高等学校创业教育的开展和社会共同努力的结果。大学生创业意识的形成需要大学生自身的主观努力；需要正确的家庭教育，营造良好的家庭教育环境；需要高等学校转变教育观念，调整教育目标，实施创业教育；需要社会深入地宣传创业，形成良好的社会

舆论，形成全民创业的氛围。下面从社会、高等学校、家庭、个人等 4 个层面对大学生创业意识的培养进行阐述。

（一）从社会层面加强大学生创业意识的培养

从社会层面来看，大学生创业成功不仅依赖于大学生自身的创业意识、创业能力的培养和学校对创业教育的重视，而且需要整个社会对大学生创业的支持。因为个人行为的改变发生于一定的社会背景之中，要改变个人的创业意识首先必须改变社会环境。

1. 营造良好的全民创业氛围

创业是富民之本，强国之策。倡导大学生创业，必须倡导全民创业，倡导全民具有创业意识。中国社会科学院发布的城市竞争力蓝皮书显示，居民商业和创业意识越强的地方，各项经济活动就越活跃，越是能有力地推动当地经济的发展。创业意识受文化、传统思想观念等因素的影响，是一个不断积累和演变的过程，社会应该大力宣传创业，要在全社会培育和谐的创业环境，为创业者搭建创业平台，激发人们的创业激情，引导人们树立创业意识。

政府要鼓励大学毕业生更新择业观念，鼓励他们到最能施展才华的地方去创业，自强不息，鼓励有能力的人创业。一个人创办公司，就能带动一批人就业，甚至可以带动一批公司，带富一方百姓。

大众传媒是大学生取得信息的重要媒介，在大学生创业过程中起到重要作用，大众媒体要从实际出发，要客观报道大学生创业状况，不要过于炒作、过分夸大创业的成功事例，要如实反映创业信息，使大学生创业尽快走向理性化，减少不必要的损失。创业有成功也有失败，应该抱有宽容和理解的心态，不要过于炒作，避免让大学生产生超过自身的心理承受能力的压力感。只有在这种环境下，大学生的创业意识才能逐渐形成，大学生才能更好地服务于社会，成为建设和谐社会的主力军和顶梁柱。

2. 积极创造条件，为大学生自主创业提供平台

当务之急，政府应该加强对大学生创业指导，完善创业环境。政府应该提供更多诸如科技园区之类的创业孵化器，为创业者提供周到的市场服务。政府要专门成立创业指导机构，组织创业专家采取结对子的方式对已经在创业的大学生提供全程的专业指导，提高大学生创业的成功率。政府应设立专门的大学生创业培训机构，对有创业愿望并具备一定条件的大学毕业生开展创业培训，促使其进一步树立创业意识和竞争意识，掌握创业所必备的工商、税务、金融、劳动和公司经营等方面的相关知识，了解国家对大学毕业生开办公司的优惠政策，增强经营管理能力和市场

决策能力。同时，通过开展政策咨询和跟踪服务，提高创业的成功率。

（二）从高等学校层面加强大学生创业意识的培养

可以把高等学校的创业教育成效纳入学校评估体系。评估是检验一个学校办学水平高与低，使高等学校能够发现问题，督促高等学校提升办学水平的重要手段。目前，教育部在对高等学校的评估体系中，尚未把高等学校的创业教育成效纳入评估体系。这样一来，高等学校不会把很大精力放在大学生创业教育上，创业教育就很难得到实质性进展。因此，需要专门的评估体系加以规定，使高等学校能够更重视创业教育。在实际的评估工作中，应该根据高等学校开展的创业项目活动成效、参与程度、创业氛围的营造、大学生创业意识的强弱、大学生创业的比例等情况进行综合评估，把学校创业教育业绩纳入学校评优、评先进单位体系中。要推广和交流成功的创业经验，促进高等学校创业教育的共同发展。

从高等学校层面来看，学校教育是连接大学生、家庭、社会的纽带，学校教育对于大学生创业意识的形成非常关键。创业教育是一种新的教育观念，也是一项教育的系统工程。高等学校应激发大学生的创业欲望，采取各种方式，激发大学生的创业意识，并培养大学生的创业能力，使其在时机成熟的时候，走上创业道路，实现自己的人生价值。高等学校培养大学生的创业意识应该从更新教育理念、调整培养目标、设置创业课程、加强师资队伍建设、营造创业氛围、建立评价系统等方面着手培养大学生的创业意识。

1. 更新教育观念，建立全面的创业教育观

教育观念的转变是加强和改进高等学校创业教育的先导。作为教育者应该把创业教育作为新的教育理念贯穿于高等学校教育的全过程中。高等学校要加强对大学生的创业意识培养，使大学生认识到自主创业是生存的需要、发展的需要和社会进步的需要。培养大学生的创业意识，要让大学生形成适应时代发展的就业观念，这是创业意识培养的重要内容，同时也是迫切需要解决的问题。

指导大学生转变就业观念要做到“三破三立”。即破等待国家安置的旧观念，立自主创业的新观念；破一业而终的旧观念，立准备从事多种职业的新观念；破安于现状的旧观念，立开拓进取的新观念。同时，学校要从多方面激发大学生创业欲望，提高创业思维能力，掌握创业方法和策略，从而使他们毕业以后能够走上自我创业的道路。

创业教育是素质教育的体现，其显著特征就是创新性、创造性。这就要求高等学校的教师、科研与管理人员要具有创造性思维，能为大学生的创造活动提供精神土壤。在高等教育大众化的今天，高等教育功能发生了变化，这种变化决定了高等

学校要调整人才培养目标，确立多元的质量观。因为每一个人在先天的潜能、性格、爱好、才能等方面存在着差异，应该尊重和保护这种差异，允许大学生在某些能力上有特殊的发展，只有这样，才能培养出有特色的创造性人才，才能实现人才培养模式的创新。创业教育的目的在于培养大学生的自我就业意识，使他们有眼光、有胆识、有能力、有社会责任感，做好创业的心理准备和知识准备。要从观念上改变为创业而进行的创业教育，将创业教育的思想渗透到高等学校各方面教育中，贯穿教书育人、管理育人、服务育人的全过程。

2. 构建完善的创业教育课程体系

大学生创业意识的培养是一个逐步升华的认识过程。首先，学校要把提升创业技能和获得创业精神作为学校人才培养的基本目标，并根据各个专业的学制安排，将创业教育贯穿在大学生入校至毕业的每一个教学环节。其次，创业教育应作为一门课程来开设。创业课程内容可以在学科之间渗透。高等学校门类众多，每门学科都蕴含着丰富的创业素质教育内容。在学科教育中渗透创业教育，是培养大学生创业意识，提高大学生创业能力的有效途径。

通过学科渗透创业教育思想是很好的教学方法，但要真正形成大学生的创业意识还要有专门的创业课程。高等学校应该开设一些如“创业管理入门”“创业实务”“沟通技巧”“市场调查”“公司与公司法”的课程，让大学生知道创业前需要做的准备、创业的步骤以及如何把握市场等相关的创业知识，使他们逐步树立市场意识、诚信意识、风险意识、责任意识，提高他们的创业能力。

3. 建设一支适应创业教育的师资队伍

要培养出有创业意识的大学生，高等学校必须建设一支创业教育师资队伍。在这支队伍中，既要有专职教师，传授系统的创业理论，又要有兼职的企业家，传授创业的经验及教训。只有这样的创业教师队伍，才能提升大学生的创业素质，提高大学生的创业意识。

高等学校可以从其内部和外部两个方面建设创业教师队伍。一是高等学校对内可以培训或鼓励教师进行创业实践，增强专职教师的创业能力。具体而言，高等学校可以出资送骨干教师参加创业培训，从而使教师更好地去创业兼职。让有潜力的青年教师开展创业实践，培养他们的市场意识和市场运作经验，从而使他们能够真正地、有针对性地为大学生解惑。二是高等学校对外可以请一些经验丰富的成功企业家、创业者、技术专家作为兼职教师，或者按合适的比例引进或聘任相关创业人员，形成不同类别、不同层次的创业教育师资队伍。同时，高等学校还要不定期请一些公司创始人、创业专家到学校演讲，介绍创业的经验，激发大学生的创业意识。

4. 丰富创业教育实践活动，营造创业氛围

创业意识的形成离不开实践这条根本的途径，需要课程教学与课外实践活动结合起来。丰富创业教育实践活动，营造创业氛围，高等学校应从以下几个方面入手。

（1）设立大学生创业中心。让大学生有一个属于自己的平台，能够在这个平台上分享创业心得，能在这平台上施展才华。教师要发挥积极作用，要为大学生提供创业的相关信息。

（2）建立大学生创业基金。鼓励有创意的大学生通过创业专家评估，获得创业基金，来开发自己研发的产品。同时吸引社会的风险投资为有前景的产品投资。

（3）走产学研合作的道路，创建创业基地。把大学生带入科研室，让他们参与科研，提高他们的研发能力。高等学校要创造条件，提供指导与服务，把部分校内市场适度向大学生开放。大学生有了锻炼机会，才能进一步提高自身的创业能力。

（4）定期举办创业计划大赛，营造良好的创业氛围。在美国，很多创业计划被买走，最终成为上市公司。创业计划大赛不是少数人的舞台，需要大学生积极参与进来，只有大多数大学生参与创业计划大赛，才能形成良好的创业氛围。

（5）大学生要主动为自己寻求实践活动。大学生可以在暑期社会实践活动、志愿服务、求学期间打工、结合专业优势和个人特长举办各种培训班，也可搞推广、营销、竞技类的活动。这样的实践活动不仅能够为父母减轻经济上的压力，而且也能锻炼自己的技能，为创业提前做好准备。

5. 建立有效的创业教育保障机制

创业教育要取得成功，高等学校必须建立创业教育保障机制。高等学校要成立专门的督导队伍，加强对创业教学过程的指导与监督，建立信息反馈机制。要密切关注创业实践动态，及时发现创业教学中存在的问题，并加以解决。同时要完善激励机制，增强师生参与创业活动的积极性。各个部门要制定出一系列相互配套、行之有效的规章和措施，把干部、教师、大学生参与创业教育研究和实践的成绩，作为其考核、评优、晋升的重要依据，对那些积极参与改革，取得重要成果或成绩的单位和个人，给予重奖和表彰；对在创业教育中表现突出，创业意识强、创业素质好的大学生，要大力宣传和表彰。把创业实践计入学分，并对大学生的创业素质进行考核，成绩记入综合测评成绩里，与奖学金、评优等方面挂钩。

高等学校只有高度重视创业教育，建立创业教育保障机制，调动师生的积极性，才能使学校、教师、大学生形成合力，在校园内形成浓厚的大学生创业氛围，

从而激发大学生的创业激情与欲望。

（三）从家庭教育层面加强大学生创业意识的培养

从家庭教育层面来看，家庭教育对于形成大学生的创业意识起到非常重要的作用。家长和亲戚的言行间接影响着大学生对创业的认识。

1. 转变传统的观念

在高等教育大众化背景下的大学生只是“普通的劳动者”，他们同样要接受市场的考验，同样面临着就业与创业的问题。在高等教育大众化下所培养的人才是多规格人才，既要有面向大型企业、面向沿海发达城市就业的大学毕业生，又要有面向基层、面向农村和面向西部内陆城市的大学毕业生，还要有能够自主创业的大学毕业生。这是历史发展的必然趋势，社会上没有这么多现成的就业岗位，需要有能力的大学生开创自己的未来，为自己、为他人提供就业岗位。家长应该多关注时事变化，了解教育的动态发展，及时转变传统的观念，紧跟当前的国际形势变化。

2. 积极为子女创造有利的创业氛围

父母的创业行为会带动子女的创业愿望，形成创业意识。通过数据分析得出：家庭背景的优越程度与大学生创业意愿成负相关。即家庭经济状况会对在大学生创业意愿的强弱带来影响，越是出身贫寒的大学生，其创业意愿就越强。家庭经济条件相对较差的大学生更加想要通过创业成功来改善家庭的经济状况和自己的命运。

家庭环境的好与坏直接影响到孩子创业意识的发展，如果家长对孩子过分宠爱、过度保护或教育不当，就会使得孩子不思进取，碌碌无为。家长意识到这点非常重要。目前，对于大学生缺乏创业意识，创业能力不高的现象，许多的学者过多地指向高等学校的创业教育的失误。其实单方面指责高等学校是有些偏颇的。大学生的创业意识、创业能力的培养是多方面的合力，家庭的教育也相当重要。

在欧美许多国家，家长非常重视对孩子独立意识的培养，孩子从小就在脑子里播下了创业的种子并有掌握相应技能的欲望。美国年轻人创业比率居发达国家首位，与其从小接受独立教育、艰苦创业教育是分不开的。戴尔公司的创始人迈克尔·戴尔，12 岁时就尝试通过邮票赚零花钱花；被美国商业周刊评为杰出青年创业家的卡斯诺恰，14 岁时就成为一家网络软件公司的负责人。进入新经济时代后，越来越多的年轻人大胆地抓住机遇，执着地实践自己的梦想，以自主创业打造出自己的一片天地为荣。有专家分析说，正是这种家庭教育体制和鼓励创业的社会文化，造就了一批又一批杰出的企业家，推动了国家经济持续不断地发展，并保持着活力。

所以，家长要多接触先进的教育思想，多和孩子交流；引导孩子树立远大的目标，培养其艰苦奋斗、勇于开拓进取的精神；为孩子做好艰苦朴素的榜样，使其养成勤俭节约的好作风；从小要培养孩子独立自主、自力更生的意识，做一些力所能及的事情；实施正确的家庭教育，积极营造良好的家庭氛围；支持孩子的创业想法，积极为孩子创造条件，使之形成良好的创业意识。

（四）从大学生自身认识层面加强创业意识的培养

从大学生自身认识层面来看，创业意识的培养必须与自我教育结合起来。为此，培养大学生的创业意识必须从转变大学生的就业观念、积极参与创业活动两个方面着手。

1. 转变传统的就业观念

大学生应该意识到，在知识经济时代条件下，人的生存与发展不再是适应，而是创新。大众化的高等教育立足于时代与市场要求，培养的是具有创新精神与实践能力的复合型人才。大众化的高等教育所培养的人才是符合社会需要的多品种、多规格的人才，从“自主择业”走向“自主创业”，这是时代的要求，也是高等学校毕业生就业制度改革所大力提倡的。自主创业是对传统就业观念的挑战，它是在自主择业的氛围中产生的一种新的就业形式，有利于发挥人的创造性和冒险精神。

自主创业是历史发展的必然选择，大学生要改变传统的“等”“靠”“要”的就业思想，应深刻意识到这种就业思想已经成为历史。如果自己的思想观念不能跟上时代的步伐，就会被淘汰。大学生要有主体意识，认识到自身肩负的责任：以天下为己任，报效祖国。跨入社会创业，为自己创业，也是为他人创造就业机会，促进社会的和谐发展。

2. 积极参与创业活动

事物是由内外因共同决定的。内因，即大学生自身起到决定性的作用。外部环境再好，如果没有大学生自身的积极参与，不发挥自身的主观能动性，很难形成创业意识，更别说去创业。当代大学生应该认识到教师只能在相关知识的传授、创业思想的武装和解决创业前期的准备上给予一定的指导，能否创业成功关键在于自己。

大学生要积极参与各种有利于自身发展的活动，使自己形成良好的商机意识、转化意识、战略意识、风险意识、敬业意识等创业意识。当代大学生要想有一番作为，就必须积极参与社会活动，培养适应社会的能力，以一种积极向上的心态去面对机遇与挑战。

第二节 大学生创业精神

创业精神（也称企业家精神）指某个人或某个群体通过有组织的努力，以创新和独特的方式追求机会、创造价值和谋求增长，不管这些人手中是否拥有资源。创业精神包括发现机会和调度资源去开发这些机会。

创业精神包括以下两个方面的含义：一是精神层面，创业精神代表一种以创新为基础的做事与思考方式；二是实质层面，创业精神代表一种发掘机会，组织资源建立新公司，进而为市场提供新的价值的过程。

这两个方面的含义最大的特点就在于突出了“新”字，离开了创新，没有为市场提供新的价值，那么创业将失去光芒和竞争力。从精神层面来看，主要是基于思维的角度，是一种做事和思考的方式；从实质层面来看，主要是基于具体的操作角度，是一个发掘机会、组织资源、建立新公司的过程。创业精神首先要有想法，然后才有行动，两者缺一不可。

创业精神是一种理念，这种理念应贯穿于当代大学生的思想意识之中，培养大学生创业精神和创业能力，使大学生毕业后能够大胆走向社会、自主就业、积极创业。

一、创业精神的内涵

创业精神是创业者在创业过程中具有开创性的思想、观念、个性、意志、作风品质等重要行为特征的高度凝练，主要表现为勇于创新、敢于冒险、团结合作、坚持不懈等。

（一）创新是创业精神的灵魂

彼得·德鲁克认为，创新是表现创业精神的特殊工具。创业者最爱做颠覆性的事情，一个公司最大的隐患，就是创新精神的消亡。创业活动中的创新包括从产品创新到技术创新、市场创新、组织形式创新等。

（二）冒险是创业精神的天性

没有敢冒风险和承担风险的魄力，就不能成为创业者。中外无数创业者虽然生存环境、成长背景和创业机缘各不相同，但无一例外都是在创业条件极不成熟和外部环境不明晰的情况下，他们敢为人先，敢于做“第一个吃螃蟹的人”。

（三）合作是创业精神的精髓

社会发展到今天，行业分工越来越细，没有谁能一个人完成创业需要完成的所有事情。真正的创业者都是善于合作的，并将这种合作精神扩展到公司的每个员工，当面临困境时，团队成员能团结一心，奋力杀出重围。

（四）执着是创业精神的本色

创业的过程必然伴随着各种艰辛和曲折，因此创业者必须坚持不懈、咬定青山不放松，做到不抛弃、不放弃。

总之，创业精神既是创业的动力源泉，也是创业的精神支柱，是成功创业的前提，没有创业精神就不会有创业行动，也就无从谈起创业。即使有创业，也往往是浅尝辄止半途而废。创业的道路不会一帆风顺，总是充满困难和荆棘。因此，创业精神对创业成功至关重要。

二、培养大学生创业精神的意义

创业精神能够激发大学生进行创业实践的欲望，是一种内在的动力机制。它在很大程度上决定一个人是否投身创业实践活动，支配人们对创业实践活动的态度和行为，并影响态度和行为的方向及强度。

创业精神能够渗透到3个领域产生作用：一是个人成就的取得，即个人如何创建自己的公司；二是大公司的成长，也就是大公司如何使其整个组织都重新焕发创业精神从而具有更强的竞争力，创造更高速的成长；三是国家的经济发展，也就是使国家更富强，人民更幸福。

创业精神的力量是能够帮助个人、公司、企业乃至整个国家或地区在面对错综复杂的竞争环境时走向成功和繁荣。当前，世界产业结构正经历着彻底转变，创业精神有利于促进经济社会又好又快发展。

三、培养大学生创业精神的途径

大学创业精神的培养常常从培育创业人格、培养创新能力和强化创业实践等方面去进行。

第一，培育创业人格。个性特征对创业者个体来说非常重要，尤其是独立性、坚持性、敢为性等。所以，人格塑造与创业精神培养相辅相成。大学生要树立心理健康意识，优化心理素质，增强心理调适能力和社会的适应能力，自觉培养坚韧不拔的意志品质和艰苦奋斗的精神，提高承受和应对挫折的能力。此外，还可以采用创业案例剖析创业者的人格特征、进行心理特训等，掌握形成优良的心理素质与人格特征的途径和方法。

第二，培养创新能力。创新是创业精神的核心。大学生要保持个性发展和好奇心、求知欲，勇于突破，有意识地突破前人、突破书本、突破老师。通过学习创新创造类课程、参加主题技能竞赛，感受、理解知识产生和发展的过程，培养科学精神和创新思维，提高自身的创新能力。

第三，强化创业实践。“纸上得来终觉浅，绝知此事要躬行。”大学生应该利用课余时间参加一定的创业模拟和社会实践活动，增强对企业的了解和对社会的适应能力。如参加校内外的创业竞赛活动、企业的实习见习等，在实践中磨炼自己，形成正确的创业认知，培育创业精神，提升解决问题的能力。

第三节　大学生创业思维

大学生创业者需要养成理性的创业思维，包括发展思维、逆向思维、系统思维、博弈思维、直觉思维、领导力思维。

一、发展思维

有人曾经进行过一个现场实验：要求在 90 秒内，用 6 根火柴摆出 4 个正三角形。有人说要是给 12 根火柴该多好，也有人说把火柴弄断，6 根就变成 12 根了，摆起来正好是 4 个正三角形。所以要敢于打破常规，敢于颠覆。但是，有没有人想过在不破坏火柴的前提下，使其变一为二，同样变成 12 根？例如，可以先将 6 根火柴摆出两个三角形，再利用镜像原理映出两个三角形，这样镜子里面有两个虚的三角形，加上两个实的三角形，总数也是 4 个。

能够设法优化资源、整合资源、配合资源，这也是非常重要的一种本事。这个世界从来不缺少资源，缺少的是对资源优化调度、配置整合的能力。创业者常常认为自己缺钱、缺思路、缺人脉，但其实什么都不缺，关键在于能否整合资源。当然，创业不是凭空出世，也不是平地起高楼，知识越充实，思维越开阔，创新的思路就越多。

二、逆向思维

逆向思维包括反向思维和雅努斯思维。

反向思维是指站在问题的对立面思考问题，这是非常重要的思维模式，也是非常讨巧的思维模式。中国的很多成语都充满了大智慧，如大音希声、大智若愚、大巧若拙、大俗大雅等都充满了辩证法，表现出反向思维的精髓。

雅努斯思维是指既看到问题的本身，又看到问题的对立面。如大规模定制是戴尔公司成功的秘诀。这句话是反逻辑的、反思维的，既然是大规模，怎么可以定制？既然是定制，怎么可以大规模？对每个具体的消费者来讲是定制，戴尔公司可以满足其做工、款式等的要求。然而通过电子商务、信息系统，戴尔公司把全世界相同偏好、相同需求的订单集中起来，在后台进行大规模批量生产。所以，对消费者来讲是量身定制，对戴尔公司来讲是大批量加工。

三、系统思维

所谓系统思维，就是不是孤立、片面、静止地思考问题，而是全面、运动、变化、联系地思考问题。系统思维具有以下几个特性。

第一，整体性。系统思维方式的整体性是由客观事物的整体性所决定，整体性是系统思维方式的基本特征，它存在于系统思维运动的始终，也体现在系统思维的成果之中。

第二，层次性。系统思维具有层次性，管理既是科学，也是艺术，更是哲学，最适合的才是最好的，而不仅仅是大、优、强。

第三，动态性。要变化地看问题，而不是静止地去看问题，因此要进行权衡变通与谋划，积极应对改变。

第四，开展性。如果一个系统的边界、环境和另外的系统不发生物质的、信息的、能量的交流，这个系统就会枯竭死亡，丧失生命力。所以对于创业者来讲，要有开放的心态，自觉地、主动地与周边的世界以及环境发生物质的、能量的、信息的交流和互换，从中获得养分，通过互动的过程发现机会。

第五，综合性。看待事物时不是单看某一个方面，而是把多方面的因素立体地、综合地集合起来。创业者必须具备掌控全局和综合把握的能力，这是非常重要的挑战。很多人认为自己的技术不错，这个固然重要，但是人际交往、公关能力，与投资者、银行、政府部门、媒体良好的关系等，都是创业者需要具备的。

四、博弈思维

要想成为一个成功的创业者，就要对博弈论有一个大致的了解。概括地说，博弈论主要包括三条：第一条是关注他人的价值，而不是自说自话；第二条是不仅要看现在怎么样、当下怎么样，关键是对未来进行展望谋划，学会逆向思考；第三条，也是最重要的一点，即学会自觉换位思考，把自己置于竞争对手的位置思考。具体而言，若想知道竞争对手如何对你的举动做出反应的话，你就应该对竞争对手可能的反应提前加以反应，并且按照这种思维进行逆向思考，最后作出决策。

五、直觉思维

有时悟性、洞察力、第六感即直觉思维在创造性思维活动中会发挥重要的作用。直觉思维是可以有意识地加以训练和培养的。直觉思维是基于对研究对象整体上的把握，由于思维的无意识性，它的想象才是丰富的、发散的，使人的认知结构向外无限扩展。一个人的直觉力通常在非常松弛的时候最容易发挥作用。创业者还应该培养敏锐的观察力和洞察力，获得广博的知识和丰富的生活经验，客观地对待直觉，尽量排除各种影响和干扰。

六、领导力思维

领导力是具有层次性的，从技术技能到管理技能再到概念技能，是需要训练的。可能很多的创业者真正的优势在技术层面，然而要成为一个合格的管理人员，要进一步修炼管理技能，进一步提升自己的领导力。

第四节　大学生创业能力

创业能力是指直接影响创业实践活动效率，促使创业活动顺利进行，并能够创立和发展一项或多项事业的主体心理条件。作为一种综合性的能力，它由认知能力、自主能力、专业能力、竞争能力、社会能力等组成。大学生创业能力既具有创业能力的基本内涵，又富有其自身特色。大学生因其自身的思想先进性、时代创新性、高知识水平等特点，其创业能力具有更加丰富的内涵。

创业能力作为一种特殊的能力，直接影响创业活动的效率和创业的成功。在培育学生创业能力过程中，可以落实到决策能力、经营管理能力、专业技术能力、交往协调能力、创新能力等具体能力的培养上。

一、决策能力

决策能力是指创业者根据主客观条件，因地制宜，正确地确定创业的方向、目标、战略以及具体选择实施方案的能力。决策是一个人综合能力的表现，一个创业者首先要成为一个决策者。

大学生要创业，首先，要从大众化的创业目标以及方向中进行分析比较，选择最适合发挥自己特长与优势的创业方向、途径和方法。在创业的过程中，能从错综复杂的现象中发现事物的本质，找出真正存在的问题，分析原因，从而正确处理问题，这就要求创业者具有良好的分析能力。其次，要能作出正确的判断。判断就是能从客观事物的发展变化中找出因果关系，并善于从中把握事物的发展方向。分析是判断的前提，判断是分析的目的。最后，决策离不开创新。创业实际上是一个充满创新的事业，所以创业者必须具备创新能力，有创新思维，无思维定式，不墨守成规，能根据客观情况的变化，及时提出新目标、新方案，不断开拓新局面，闯出新路子。可以说，不断创新是创业者作出智慧的决策、不断前进的关键环节。

二、经营管理能力

经营管理能力是指对人员、资金的管理能力。它涉及人员的选择、使用、组合和优化，也涉及资金聚集、核算、分配、使用和流动。经营管理能力是一种较高层次的综合能力，是一种运筹能力。经营管理能力的形成要从学会经营、学会管理、学会用人、学会理财等几个方面去努力。

学会经营就是创业者一旦确定了创业目标，就要组织实施，为了在激烈的市场竞争中取得优势，必须学会经营。

学会管理，首先要学会质量管理，要始终坚持质量第一的原则。质量不仅是生产物质产品的生命，也是从事服务业和其他工作的生命，创业者必须严格树立牢固的质量观。要学会效益管理，要始终坚持效益最佳原则，效益最佳是创业的终极目标。可以说，无效益的管理是失败的管理，无效益的创业是失败的创业。做到效益最佳要求在创业活动中人、物、资金、场地、时间的使用，都要选择最佳方案运作，做到不闲置人员和资金、不空置设备和场地、不浪费原料和材料，使创业活动有条不紊地进行。学会管理还要敢于负责，创业者要对本公司、员工、顾客以及对整个社会都抱有高度的责任感。

创业要学会用人。市场经济的竞争是人才的竞争，谁拥有人才，谁就拥有市场、拥有顾客。一个学校没有品学兼优的教师，这个学校必然办不好；一个公司没有优秀的管理人才、技术人才，这个公司就不会有好的经济效益和社会效益；一个创业者不吸纳德才兼备、志同道合的人共创事业，创业就难以成功。因此，必须学会用人，要善于吸纳比自己强或有某种专长的人共同创业。

学会理财，首先要做的就是学会开源节流。开源就是培植财源，在创业过程中除了要抓住主要项目创收外，还要注意广辟资金来源；节流就是节省不必要的开支，树立节约每一滴水、每一度电的思想。但凡百万富翁、亿万富翁都是从几百元、几千元起家的，都经历了聚少成多、勤俭节约的历程。其次要学会管理资金。一是要把握好资金的预决算，做到心中有数；二是要把握好资金的进出和周转，每笔资金的来源和支出都要记账，做到有账可查；三是要把握好资金投入的论证，每投入一笔资金都要进行可行性论证，有利可图才投入，大利大投入、小利小投入，保证使用好每一笔资金。总之，创业者心中时刻装有一把算盘，每做一件事、每用一笔钱，都要掂量一下是否有利于事业的发展，有没有效益，会不会使资金增值，这样才能理好财。

此外，大学生创业者要讲诚信。就创业者个人而言，诚信乃立身之本。创业者在创业过程中，如果不讲信誉，就无法开创出自己的事业；失去信誉，就会寸步难行。讲诚信，一是要言必信，行必果；二是要讲质量；三是要以诚待人。

三、专业技术能力

专业技术能力是创业者掌握和运用专业知识进行专业生产的能力。专业技术能力的形成具有很强的实践性。许多专业知识和专业技巧要在实践中摸索，逐步提高、发展和完善。创业者要重视创业过程中知识及专业技术方面的经验积累和职业技能的训练，对于书本上介绍过的知识和经验，要在加深理解的基础上予以提高、拓宽；对于书本上没有介绍过的知识和经验要积极探索，在探索的过程中要详细记录、认真分析，进行总结、归纳，上升为理论，形成自己的经验特色，并积累起来。只有这样，专业技术能力才会不断提高。

四、交往协调能力

交往协调能力是指能够妥善地处理与大众（政府部门、新闻媒体、客户等）之间的关系，以及能够协调下属各个部门成员之间关系的能力。创业者应该做到妥当地处理与外界的关系，尤其要争取政府部门、市场监管以及税务部门的支持与理解，同时要善于团结一切可以团结的人，团结一切可以团结的力量，求同存异，共同协调发展，做到不失原则、灵活有度，善于巧妙地将原则性和灵活性结合起来。创业者只有搞好内外团结，处理好人际关系，才能建立一个有利于自己创业的和谐环境，为成功创业打好基础。

交往协调能力光靠书本是学不到的，它实际上是一种社会实践能力，需要在实践活动中学习，不断积累总结经验。这种能力的形成，一是要敢于与不熟悉的人和事打交道，敢于冒险和接受挑战，敢于承担责任和压力，对自己的决定和想法要充满信心，充满希望；二是要养成观察与思考的习惯，社会上存在着许多复杂的人和事，在复杂的人和事面前要多观察、多思考，观察的过程实质上是调查的过程，是获取信息的过程，是掌握第一手资料的过程，观察得越仔细，掌握的信息就越准确，同时，观察是为思考做准备，观察之后必须进行思考，做到三思而后行；三是要处理好各种关系，要善于与人交往，在毫无强迫的气氛里，把诚意传达给别人，使别人受到感应，并产生共识，自愿接受自己的观点；四是要做到宽以待人、严于律己，尽量做到既了解对方的立场，又让对方了解自己的立场。

五、创新能力

创新是知识经济的主旋律，是创业者化解外界风险和取得竞争优势的有效途径。创新是创业能力素质的重要组成部分。它包括两方面的含义：一是大脑活动的能力，即创造性思维、创造性想象、独立性思维和捕捉灵感的能力；二是创新实践的能力，与人们的知识、技能、经验、心态等有着密切的关系。具有广博的知识、扎实的专业基础、熟练的专业技能、丰富的实践经验、良好的心态的人容易形成创新能力，它取决于创新意识、智力、创造性思维和创造性想象等。

第六章　大学生创业风险防范与危机管理

第一节　创业风险概述

一、创业风险的概念

一提起风险，很多人马上将它和失败、亏损联系在一起。其实，这是不全面甚至是错误的看法。对于风险的理解，一般有两个角度，一个角度强调了风险表现为结果的不确定性，另一个角度则强调为损失的不确定性。前者属于广义上的风险，说明未来利润多寡的不确定性，可能是获利（正利润）、损失（负利润）或者无损失也无获利（零利润）；后者属于狭义上的风险，只能表现为损失，没有获利的可能性。

创业风险是指企业在创业过程中存在的各种风险。由于创业环境的不确定性，创业机会与创业企业的复杂性，创业者、创业团队与创业投资者的能力和实力的有限性而导致创业活动结果的不确定性，就是创业风险。大学生在创业中面临的各类风险即为商界普遍存在的各类风险。

二、创业风险的特征

创业风险种类繁多，贯穿并交织于整个创业过程，但是这些风险具有一些共同的特征，如客观性、不确定性、双重性、可变性、可识别性、相关性等。

客观性是指创业本身就是一个识别风险和应对风险的过程，风险的出现是不以人的意志为转移的，所以创业风险的存在是客观的。

不确定性是指由于创业所依赖和影响的因素具有不确定性，这些因素是不断变化、不断发展的，甚至是难以预料的，因此造成了创业风险的不确定性。

双重性是指创业有着成功或失败的两种可能性，创业风险具有盈利或亏损的双重性。

可变性是指随着影响创业因素的变化，创业风险的大小、性质和程度也会发生变化。

可识别性是指根据创业风险的特征和性质，创业风险是可以被识别和划分的。

相关性是指创业风险与创业者的行为紧密相连。同一风险，采取不同的对策，将会出现不同的结果。

三、创业风险的分类

创业风险主要有以下几种类型。

（一）按创业风险产生的原因划分

按风险产生的原因进行划分，可分为主观创业风险和客观创业风险。

主观创业风险是指在创业阶段，由于创业者的身体与心理素质等主观方面的因素导致创业失败的可能性。

客观创业风险是指在创业阶段，由于客观因素导致创业失败的可能性，如市场的变动、政策的变化、竞争对手的出现、创业资金缺乏等。

（二）按创业风险产生的内容划分

按创业风险产生的内容划分，可分为技术风险、市场风险、政治风险、管理风险、生产风险和经济风险。

技术风险是指由于技术方面的因素及其变化的不确定性而导致创业失败的可能性。

市场风险是指由于市场情况的不确定性导致创业者或创业公司损失的可能性。

政治风险是指由于战争、国际关系变化或有关国家政权更迭、政策改变而导致创业者或公司蒙受损失的可能性。

管理风险是指因创业企业管理不善产生的风险。

生产风险是指创业企业提供的产品或服务从小批量试制到大批量生产的风险。

经济风险是指由于宏观经济环境发生大幅度波动或调整而使创业者或创业投资

者蒙受损失的风险。

(三) 按创业风险对投入资金的影响程度划分

按风险对所投入资金即创业投资的影响程度划分，可分为安全性风险、收益性风险和流动性风险。

创业投资的投资方包括专业投资者与投入自身财产的创业者。

安全性风险是指从创业投资的安全性角度来看，不仅预期实际收益有损失的可能，而且专业投资者与创业者自身投入的其他财产也可能蒙受损失，即投资方财产的安全存在危险。

收益性风险是指创业投资的投资方的资本和其他财产不会蒙受损失，但预期实际收益有损失的可能性。

流动性风险是指投资方的资本、其他财产以及预期实际收益不会蒙受损失，但资金有可能不能按期收回或支付，造成资金运营的停滞，使投资方蒙受损失的可能性。

(四) 按创业过程划分

按创业过程划分，可分为机会的识别与评估风险、准备与撰写创业计划风险、确定并获取创业资源风险和新创企业管理风险。

机会的识别与评估风险是指在机会的识别与评估过程中，由于各种主客观因素，如信息获取量不足，把握不准确或推理偏误等使创业一开始就面临方向错误的风险。另外，机会风险的存在，即由于创业而放弃了原有的职业所面临的机会成本风险，也是该阶段存在的风险之一。

准备与撰写创业计划风险是指创业计划的准备与撰写过程带来的风险。创业计划往往是创业投资者决定是否投资的依据，因此创业计划是否合适将对具体的创业产生影响。创业计划制订过程中各种不确定性因素与制订者自身能力的限制，也会给创业活动带来风险。

确定并获取资源风险是指由于存在资源缺口，无法获得所需的关键资源，或即使可获得，但获得的成本较高，从而给创业活动带来一定风险。

新创企业管理风险主要包括管理方式，企业文化的选取与创建，发展战略的制定、组织、技术、营销等各方面的管理中存在的风险。

(五) 按创业与市场和技术的关系划分

按创业与市场和技术的关系划分，可分为改良型风险、杠杆型风险、跨越型风险和激进型风险。

改良型风险是指利用现有的市场、现有的技术进行创业所存在的风险。这种创业风险最低，经济回报有限，即风险虽低，但要想生存和发展，获取较高的经济回报也比较困难，一方面会遭遇已有市场竞争者的排斥或进入壁垒的限制，另一方面即便进入，想要占有一定的市场份额也非常困难。

杠杆型风险是指利用新的市场、现有的技术进行创业存在的风险。该风险稍高。对一个全球性企业来说，这种风险往往是地理上的，常见于开发未开辟的市场。

跨越型风险是指利用现有市场、新的技术进行创业存在的风险。该风险稍高，主要体现在创新技术的应用方面，往往反映了技术的替代，是一种较常见的情况，常见于企业的二次创业，领先者可获得一定的竞争优势，但模仿者很快就会跟上。

激进型风险是指利用新的市场、新的技术进行创业存在的风险。该风险最大，如果市场很大，可能会带来巨大的机会，对于第一个行动者而言，其优势在于竞争风险较低，但是知识产权保护力度很弱，市场需求不确定，确定产品性能有很大的风险。

第二节　大学生创业风险的识别

既然创业风险是创业过程中不可避免的现象，那么直面风险并化解风险，是大学生创业过程中的重要任务，也是准备创业和正在创业的大学生必须掌握的技能。

风险识别是应对一切风险的基础，只有识别了风险才可能有化解的机会。同时，风险也是一种机会，应该开拓、提高它积极的作用。

创业风险识别是创业者依据企业活动，对创业企业面临的现实以及潜在风险运用各种方法加以判断、归类并鉴定风险性质的过程。大学生创业者必须掌握风险识别的能力，并不断提高这种能力。

一、创业风险识别的基本理念

作为创业者，应该正确树立识别企业风险的基本理念，建立有备无患的意识、识别风险的能力、未雨绸缪的观念、持之以恒的思想、实事求是的精神。

有备无患的意识是指创业风险的出现是正常的，带来一些损失也是正常的，既不能怨天尤人，也不能骄兵轻敌。关键的问题是要密切监视风险，减少损失，化解不利，甚至将其转化为盈利的机会。

识别风险的能力是指发现和识别风险，是为了防范和控制风险。如果创业者在企业发生损失之前就能够识别风险发生的可能性，那么这个风险是可能被管理的。因此，风险识别是进行风险管理的基点。

未雨绸缪的观念是指创业风险需要创业者通过创业活动的迹象、信息归类，认知风险产生的原因和条件。创业者不仅要识别风险所面临的性质及可能的后果，更重要的是（也是最困难的）是识别创业过程中各种潜在的风险，为采取有效措施提供依据。

持之以恒的思想是指由于创业风险伴随着整个创业过程，同时风险具有可变性和相关性的特点，所以创业者必须有打“持久战”的准备。风险的识别工作应该是连续地、系统地进行，并成为企业一项持续性、制度化的工作。

实事求是的精神是指虽然风险识别是一个主观过程，但是必须遵循客观规律。风险识别是一项复杂而细致的工作，要按特定的程序、步骤，选用适当的方法逐层次地分析各种现象，并对其作出实事求是的评估。

二、创业风险识别的基本途径

创业风险的识别途径，重点要从风险的来源入手，即自然因素和人为因素两大方面。

自然因素，如是否为地震多发区、台风多发区和炎热地区，这与企业的选址、项目有着密切关系。又如对于许多行业来说，必须注意影响原材料供应的矿产、能源、农产品以及交通问题。

人为因素，主要应了解一个国家或者地区的政治制度、经济制度、法律政策、民情民俗以及企业周边的营运环境等。

三、识别创业风险的基本方法和步骤

要识别创业风险，就需要一定的专业知识，必须根据不同的条件，按照一定的途径，运用一定的方法，或者借助一定的工具来实施。

（一）基本方法

一般而言，风险识别的方法包括信息源调查法、数据对照法、资产损失分析法、环境扫描法、风险树分析法、情景分析法、风险清单法等。有能力的企业也可以自行设计识别的方法，如专家调查法、流程图分析法、财务报表分析法、战略分析法等。

（二）实施步骤

第一，信息收集。首先要通过调查、问询、现场考察等途径获得信息；其次，需要通过敏锐的观察和科学的分析对各类数据及现象作出处理。

第二，风险识别。根据对于信息的分析结果，确定创业风险或潜在创业风险的情况。

第三，重点评估。根据量化结果，运用定量分析、定性分析、假设、模拟等方法，进行风险影响评估，预计可能发生的后果，提出方案选择。

第四，拟订计划。提出处理创业风险的方法和行动方案。

（三）实施中要注意的问题

第一，信息收集要全面。收集信息可以通过两个途径，一是内部积累或者专人负责，二是借助外部专业机构的力量。后者可获得足够多的信息资料，有助于较全面、较好地识别面临的潜在风险。

第二，因素罗列要全面。根据企业在运营过程中可能遇到的风险，逐步找出一级风险因素，然后再进行细化，延伸到二级风险因素，再延伸到三级风险因素。例如，管理风险属于一级风险因素，管理者素质属于二级风险因素。

第三，最终分析要进行综合处理。既要进行定性分析，也要进行定量分析。

第三节　大学生创业各阶段风险与其防范

风险贯穿于整个创业过程，各个阶段的创业风险既有共同的特征，也有自身独有的特征。创业风险在各个阶段的表现形式各不相同，所以应对和化解风险的方法与手段也不尽相同。有的类型的风险虽然始终存在，但是化解之道也应随着时间和环境的变化而变化，因此需要对症下药。

一、创业启动阶段风险与防范

（一）创业启动阶段的风险来源

1. 创意或创业计划的内容被泄露

如果企业的创意或创业计划的内容被泄露，容易被人模仿甚至捷足先登，导致创业失去源头。在当今激烈的市场竞争环境下，涉及关键商业机密的信息泄露事件屡有发生，往往给创业企业带来致命风险。其中，既可能有创业团队“内部人”作祟，也常有一些信息收集企业会将自己掌握的信息标价出售给共享信息企业的竞争对手。

2. 仓促上阵

首先是低估了创业起步阶段所需要的时间。从创业过程上来看，一家企业在盈利之前，必须完成大量的工作：寻找厂房、装修门面、安装设备、购入存货、联系客户等。同时，还要办理许多准备事项，如各种证件和手续。不仅如此，创业初期很可能没有几个客户会来光顾企业，对这一点要有足够的心理准备。否则，要想在较短的时间内使企业产生效益、产生盈利，根本就不可能，这时候很可能就会失败。

其次是缺乏创业经验，盲目上马。从零开始创建一个企业，实际上对创业者提出了严峻的挑战。作为一个创业者，可能需要做许多不同领域的事情，如销售、采购、融资、财务、设计、广告、生产、送货等。创业者可能在不少方面完全没有经验。此外，作为一家新创企业的决策者，可能一开始还不适应这个新的角色，这不仅不利于企业的经营，还很可能会犯一些低级错误，而有时这些低级错误实质上就是致命的错误。

3. 创业团队内讧

很多创业者创业没有成功的主要原因之一就是创业伙伴选择不当，创业伙伴之间存在分裂。创业团队内讧通常会经历三个阶段：第一阶段，企业还未见效益，就开始争利益，股份的多少、利益的多少等；第二阶段，企业刚有起色，就开始为职、权、利你争我夺、钩心斗角；第三阶段，当企业开始盈利、红火成长时，开始闹纷争，斗得你死我活，最后企业也灭亡了。

4. 市场分析不到位，缺乏资金

首先，创业要想成功，在很大程度上依赖于市场，没有市场也就没有创业。通过对创业机会的评价，若发现创业创意并不具备足够的市场潜力，或在创业之前错误地估计了市场，那么，就会导致整个企业失败的命运。也有一些创新产品，尽管很管用，但是可能因为昂贵的价格或者信息传递有误，也致使无人问津。所以，如果一家创业企业的主要产品没有市场，创业注定要失败。

其次，是没能获得外部资金的支持或缺乏足够的流动资金。可能创业者向风险投资者或预期的战略伙伴提交了精心准备的创业计划，但结果并未被看好，没能获得外部资金的支持；可能创业者一开始在固定资产、原料存货上投入过多，就容易造成资金匮乏。实际上，企业要在足够规模的购买量发生之后，才会有资金的回流。所以，创业者务必要充分估计创业初期资金的需求量、资金回流的时间，这有助于企业渡过最初的难关。

5. 计划模糊

“凡事预则立，不预则废。”机遇从来都是垂青有准备的人。计划模糊就意味着创业是盲目的，碰壁对创业者来说就必不可免。计划是创业过程中指导性、方向性的东西，计划的错误或者不明确都会给创业者带来苦头，尤其是关键的步骤、关键的环节不明确，失败就会向创业者招手。

6. 选址不当

办事情讲究“天时，地利，人和”。如果把“地利”狭义地理解为选择创业所在地的话，它在创业者的创业中所起的作用就十分重要了。在选址的时候，房屋的租金、社区的环境、目标顾客群的地理关系、与供应商的区位关系、物流成本等，这些问题都应在创业者考虑的范围之内。选择企业的生产经营场所是一门学问，选址一旦出错就是致命的，特别是服务业创业，创业者必须慎重。以餐饮业为例，选址是决定一家餐馆或快餐店成败的第一要素。选址就是选顾客，地址选错了会导致客源不足，也就是能接受某一快餐店的产品、价格、服务、环境的潜在顾客数量不足，导致餐馆上座率很低，营业额难以实现盈亏平衡，甚至持续亏损。若开业一年仍不能扭亏为盈，很多餐馆很快就会倒闭。酒香也怕巷子深。有经验的人都知道，菜品质量、服务有问题还可以慢慢调整，如果选址错误导致客源不足，基本上就无计可施了。

7. 轻视竞争对手

现代社会中，任何一个行业都存在着激烈的竞争，任何一家企业都有许多的竞争对手。所以，当创业者决定进入某个市场的时候，必须全面详尽地考察该市场的状况。有些创业者对于市场和竞争状况缺乏深入了解，不了解竞争对手是谁，不懂得自己与竞争对手优势与劣势的比较，高估自己企业的竞争力。甚至，有些人认为自己的能耐最大，竞争对手不值得自己去研究。实际上市场远不是那么回事，有些看似很好的产品，市场反应冷淡，一些不怎么样的产品，却市场热卖；有时，一个企业进入一个看起来似乎很和缓的新市场，却有可能会引起价格战或者促销战，这样的情况并不少见。此外，因受市场行业或业务准入限制，企业虽然成立但却无法开展预期的经营业务，也会导致创业失败。

8. 容易悲观

创业过程中，难免遇到挫折和困难，如果创业者是一个悲观主义者，一碰到暂时难以解决的问题就灰心丧气，再无当初的创业激情和雄心壮志，尤其是作为企业的领导者，出现这种悲观的迹象时，整个团队都会被一种悲观主义的情绪笼罩。要知道，越是危机的时候保持乐观，对于一个创业企业就越发重要。一旦悲观主义者在危机中失去了激情，失去了面对现实环境变化的灵活和信心，尤其是当一个团队都处于被危机压倒的状态时，失败就在所难免。创业中切忌头脑发热、盲目乐观，但一个极易悲观的人同样难成大事。

（二）创业启动阶段的风险防范

风险与收益具有对称性，但高风险不一定就能获得高收益。降低创业启动阶段的风险，最大限度地使创业成功，其核心是以人为本，在充分发挥各种有形无形资源的基础上，把风险防范、减少损失和搞好经营管理、扩大盈利相结合，从而达到风险与收益相统一。

1. 严格筛选项目

首先是项目初选。通常初次创业者应当选择自己熟悉的行业，同时地域上也必须较为邻近，以便于沟通和联络，在此基础上，再对项目内外环境进行信息收集、访谈和论证。其次是进行详细评估，做深入的投资可行性研究。评估主要是针对具有商业价值的创新目标和创意，侧重市场目前的竞争态势和市场增长潜力。种子期、初创期所面临的技术风险和市场风险远比其他创业阶段高，因此创业项目遴选十分关键。

2. 有效保护商业机密

势单力薄的创业者通常希望寻找创业伙伴或者投资伙伴，补充自身或资金上或经营能力上的不足，从而增加创业成功率。创业者在向潜在投资者透露对方考察该创意真正有独创意义的可行性所需的信息时，一定要注意对该创意进行保护。然而创意本身又是难以保护的，这样，只能通过一些有效的方法保护创意的资本属性，确保创意人和以创意为基础的创业者的利益，让投资人对于商业创意和技术内容作出合适的有利于自己的股份安排。要达到这样的目的，可以通过以下几种手段。

第一，商标注册。麦当劳、肯德基的产品并没有太多技术含量，它们的最初商业创意仅仅是为司机等蓝领阶层提供快速、便捷、卫生的食品，它们正是靠商标来保护自己的经营服务特色。当然，麦当劳、肯德基已经超越了普通商标的概念，其品牌价值已经赋予了商标无形资产，也就是它已经拥有高额的资本属性。

第二，专利申请。如果商业创业基于技术发明，建议尽早申请、注册技术专利，尤其是对独有设计和新型实用专利，因为日后业务的成功很大程度依赖于对专利的保护。但申请前一定要不断地提醒自己，这些专利是否可以被别人轻易地加以改进，从而导致他人的胜出。如可口可乐的配方至今仍是一个秘密，也从来没有获得专利，但可口可乐的味道很难被完全复刻。

第三，版权保护。很多产品往往够不上申请专利的标准，但它却是企业或个人投入了成本自行设计的，为了保护这一创意产品，就需要用到版权保护。我国的版权保护法律制度正在逐步完善，除了著作权法以外，还包括计算机软件保护条例、集成电路布图设计保护条例等专项法规。

第四，制度保护。在知识经济环境中，员工知识已经成为企业最为重要的资本，规范企业与员工的关系可以有效预防知识产权纠纷以及不正当竞争行为。例如，企业与员工除了签订劳动合同以外，还要签订保密协议、同业竞争限制协议；企业在投入力量研发之前，先明确知识产权的归属等。

第五，保密协议。法律要求律师、托管人、银行职员等所有的人对客户的业务保密。风险投资家也同样对保守商业机密非常重视，因为一个人一旦有了“偷猎”创意的名声，就很难再迅速地获得任何新的创意了。

3. 密切关注资金风险和技术风险

处于创业启动期的企业面临的最大风险是资金风险和技术风险。资金就如同种子发芽需要的水分一样，缺少了它，种子就不可能发芽，而资金风险普遍是创业启动阶段的“命门”。首先，要认真筹划创业初始需要的融资或投资数额。融资时要考虑好准备借多少，能借到多少，最佳值应该是多少，风险有多大。其次，考虑企业的持续融资能力。注意企业在运营过程中，一旦缺乏资金支持，就很可能导致整个项目的流产和创业的失败，也就是常说的“最后一口氧”谁补给？因此，创业者要提前考虑好融资方法，并建立起快速融资渠道，以防万一。最后，建立财务“预防”机制，正确把握企业负债经营的“度”。企业可以负债经营，但要保持合理的负债比率。生产经营状况好，资金周转快，负债经营比率可以适当高一些；生产经营不理想，产销不畅时负债经营比率则要相对保持低一些。资产负债率的临界值为35%～65%。

此外，由于创业启动阶段企业的研发工作多处于概念设计阶段，因此技术的可行性几乎无法判别和确定，所以处于该阶段的创业企业即使获得了少量的风险资金支持，也往往会因为技术问题而颗粒无收。

4. 注重建设营销队伍

吸纳、任用既掌握营销能力又掌握技术知识的营销人才，建设最坚强有力的营销队伍，是防范市场风险最有效的办法。创业企业不一定拥有最好的产品和最先进的技术，但一定要拥有正确的营销理念和最好的营销策略。创业企业所要生产的产品或提供的服务除了要进行切实细致的市场分析和经济评估外，还要对产品生命周期的各个阶段可能引发的风险，制定合理的对策。对于导入期，应考虑产品能否被消费者接受，如何降低流通费用、促销费用，如何降损增利。

5. 采用迂回战术竞争

处于创业启动阶段的企业与别人竞争不能搞正面战、阵地战，而应当多使用迂回战术，干别人不敢干的，干别人不愿干的。要学会风险回避，对一些风险过大的方案应该加紧回避，避免不必要的风险。

6. 设法分散或转嫁风险

风险不可避免，但可以分散和转嫁，特别是对于处在创业启动阶段的企业而言。创业者的一个通病就是过高估计自己的能力，总以为自己无所不能，但创业起始阶段的工作非常艰辛而又费时费力，不要试图独自解决一切问题，要积极主动地寻求合作和支持，这样有利于分散风险。转移风险的有效办法是去保险公司投保，企业的财产和责任、员工的健康、职工失业均可以进行投保。例如，财产投保是转嫁投资意外事故风险；以租赁代替购买设备是转嫁投资风险；个人独资承担无限责任，但几个人共同投资，就是有限责任就能分散风险。许多创业企业忽略了保险，但买保险是“小投入大保障”，必不可少。

二、创业成长阶段风险及防范

创业成长阶段是指经过创业启动与起步阶段的万般艰辛和不懈努力，创业构想变成现实，企业开始真正产生商业价值，业绩、利润开始维持在一个较为稳定和较为满意的水平，可以说创业者的初始目标基本实现了。此时，新创企业步入快速成长和发展阶段。伴随企业步入快速成长阶段，创业中后期的风险也接踵而至。

（一）成长阶段的风险来源

1. 管理风险

处于成长阶段的创业企业面临的最大风险是管理风险。步入快速成长期后，企业迅速地开拓发展，这个阶段的企业，技术风险逐步消除，市场风险开始变小，许多风险投资基金也一改往日的态度，变得更为主动，竞相投资。但是该阶段由于管理幅度不断加大、人员急剧增多、生产规模不断加大、资金规模不断加大、市场区域不断拓展等因素，都在迅速增加管理的难度。如何控制成本、如何保障质量、如何管理渠道、如何树立品牌等，正如人的成长要经历青春期的烦扰一样，许多管理问题也会迅速涌现，企业的管理风险变得空前之大。如果不能及时解决这些问题，不仅会影响企业未来的发展，也会影响企业价值的体现。因此，创业者应考虑企业未来的发展与自身命运这一战略问题，在快速成长阶段，也应考虑在企业管理方面做些什么。然而每年仍有大量功败垂成的事实摆在眼前。

第一，未能建立有效的团队。在企业的规模比较小、经营的规模也比较小的时候，创业者能够胜任当时的工作，还可以管理好自己亲手创办的企业。但是，随着企业规模和经营规模的不断扩大，如果缺乏有效的管理团队和诸如生产、营销、人力资源、财务、技术开发等专业人才，企业运作就会越来越吃力，最后创业者也有可能无法控制企业。

第二，用人失误。创业初期，往往雇员不多，但是这些人数不多的雇员对企业的意义却非同小可。如果创业者选错了助手，或者任命了不称职的人担任了企业的主要管理工作，那么就可能使企业走入困境。一个不称职的助手常常会使创业者的经营思路发生很大的变化，如果这种变化是不利于企业发展的，就会造成不良的影响；一个不称职的主管可能会使一个销路很好的产品没有了销路，这对企业的发展是毁灭性的。

第三，疲于奔命。创业成功后，由于人员增多、业务繁忙，企业面临的问题会越来越复杂。然而，如果创业者只习惯于发号施令，不懂授权，事必躬亲，唱独角戏，员工也习惯于接受命令，对创业者有依赖心理，将会导致创业者日常事务过多，工作量剧增。不可避免的结果便是创业者感到力不从心，不堪重负，以致顾此失彼。

第四，财务失控。创业成功后，企业开始有现金流入或者盈利，开始招聘、迁址、购置新设备、培训等，忙得不亦乐乎，于是管理费用急剧上升。企业经营的范围和地域也会扩大，管理开始变得复杂起来，财务问题也多了起来。在创业初期，大多数创业者都能做到开源节流、艰苦创业、勤俭节约，因为当时根本就没有资金供他们浪费，手里的钱省着花还不够用。可是当创业初步成功之后，企业有了资源、资金，在某些方面多花一些和少花一些区别并不明显。还有一些创业者认为苦尽甘来，放松了过苦日子的意识，不能很好地控制成本和费用。同时，随着管理幅度的拓展、管理层次的增加，创业者无法一一监督、评估决策的执行情况，对财务缺乏相应的监控机制与调控手段，因此，财务管理中的问题越积越多。

第五，市场反应迟钝。创业可能更多地依赖创业者对市场机会的把握、企业所从事的经营业务具有独创性或具有某种竞争优势。创业成功后，会有许多跟进者进入市场，企业的优势会逐渐减弱，竞争压力增大，业绩增长率会随之下降。另外，如果企业创业成功后，创业者感到志得意满，往往会对市场反应迟钝，不能根据市场变化及时调整产品和服务，将可能失去主力市场，结果被竞争对手所淘汰。

第六，创新乏力。创业的过程就是不断创造与创新的过程，创新是企业最重要的生命线，失去创新，企业将停滞不前，甚至衰亡。进入创业快速发展阶段，创业团队容易陶醉于已经取得的成功，于是不愿继续艰苦奋斗、小富即安、贪图享乐的思想在企业蔓延，甚至会影响到创业者本人。这样，企业很容易失去继续创新的动力。

第七，新老员工冲突。这包括创业者和管理者、新员工和老员工之间的冲突，甚至会导致创业者被排挤而离开企业。新员工会说“我原来那家企业如何如何”，会自觉不自觉地进行前后对比；老员工会说“我们原来怎样怎样”，讨论的多是过去的“好时光”，说话办事都有一套他们自己的“规矩”。由于创业初期没有什么成文的规章制度，那些资历较深的员工就是企业的“活档案”，一旦他们离职，企业立刻就会陷入一片混乱。而对于新员工而言，由于企业没有定规，规章制度束之高阁，一切都感到困惑不解。另外，创业者往往多方关照那些曾经追随自己多年的员工，因此，老员工在企业里有极高的权威；而新招聘的员工则考虑的是自己的生存、事业和前途，于是，新员工成了挑战老员工的对立面。

2. 盲目冒进

当创业企业初具规模，小有成就时，许多企业容易被自己营造的区域性知名度冲昏头脑，有时甚至会觉得自己无所不能，不顾实际扩大经营和盲目多元化发展，开拓超越实力的大市场，摊子铺得太大和对新业务不甚了解，难免会出现失误，从而侵蚀企业的利润，不断地拓展不相关的行业往往导致资金链断裂而破产。像这样在获得巨大成功后又遭遇失败的惨痛教训实在不少，它们的共性在于：普遍盲目扩张、发展速度太快，而人员、资金、管理三大要素相对滞后，企业发展根基脆弱。这三大要素中的任何一个出现问题时，都会引发本不稳固的企业整体发生“塌方”。

3. 用心不专

第一种是“花心病”，当企业有了一定实力，就开始对外拓展，不再专注于主业，想再找能挣大钱的项目干干。这种愿望很好，但发展思路一旦超越了企业经营能力和企业实力，往往会以失败告终。第二种是“多动症”，如一家生产啤酒的企业，觉得碳酸饮料能挣钱，就开始研制碳酸饮料，后来发现果汁饮料是未来发展趋势，于是就改生产柠檬茶……其实，这并不是产品系列化，而是“狗熊掰棒子”，变来变去，变没了企业辛辛苦苦铸就的品牌和形象，从而失去了最重要的核心竞争力。第三种是“虚胖症”，和“花心病”相似，创业初步成功后开始向多业并举的态势迈进，但主辅业不分，大都是亏本的多、挣钱的少，基本是拆了西墙补东墙，说起产业来如数家珍，其实都是“夹生饭”，亏本买卖。

4. 目光短浅

一种是“近视症”：创业者目光短浅，认为“小富即安”，进而不思进取，排斥新的融资方式与能人参与，排斥现代营销理念，看不到更为广阔的市场，甚至产生自卑心理，否定自身可以发展壮大，不敢找高手竞争。由于目光狭隘，形成企业“弱不禁风”的体质，往往导致企业市场的萎缩而逐渐失去竞争力。

另一种是“走老路”，即人们常说的离不开老本行。有的创业者被老本行捆住了思想和手脚，不知道还有什么行业适合自己。其实，走出这个圈子，也许就会有广阔天地，可以大有作为。正是因为有很多创业者走不出这个圈子，创业时按固有的模式和套路操作，一成不变导致失败。

5. 家庭压力

作为坚实的后盾，家人在创业过程中给予了创业者无私的奉献，他们当然希望创业者能够获得成功。创业初步成功后，配偶希望创业者更多地关心家庭，儿女希望创业者能够尽到父母的责任，而创业者则在这个阶段比以前更忙、更累，根本无暇顾及家人，于是家庭压力开始增大。如果说创业过程中企业是根据危机进行管理，那么创业成功后是管理造成了危机。创业者必须认真考虑和解决创业快速发展阶段的管理危机问题。

（二）成长阶段的风险防范

1. 尝试授权

创业成功后两个主要因素会导致创业者考虑开始授权：一是管理问题变得又多又复杂，创业者不堪重负；二是员工渴望分享权力，希望得到更多的空间与舞台来发挥自己的才能。

在创业过程中，创业者主要是通过集权来实施管理。在创业成功后，创业者需要授权，但不要分权。所谓授权，是指在企业内由上向下分派任务，并让员工对所要完成的任务产生义务感的过程。所分派的任务可能是制定决策，也可能是执行决策。当所分派的任务是实施一项已经制定的决策，并且所授予的权力本质上对全局没有影响时，称其为“授权”。但如果所分派的任务就是制定决策，也就是说，让员工决定应该实施的内容，则称为“分权”。分权容易产生“离心力”，员工有可能会自作主张，而企业此时所需要的是“向心力”，否则创业者就会失去对企业的控制。

当然，从集权到授权，创业者往往会感到胆战心惊，害怕失去对企业的控制，所以，创业者在授权过程中必须有清晰的安排。

最有效的授权是由创业者拟定哪些问题由自己来决策，哪些工作可以授权给员工去完成，哪些工作需要员工定期汇报，哪些工作可以放手不管。一般而言，创业者需要审批销售计划、财务预算、生产计划，至于销售人员的行为管理、客户拜访计划、销售汇报、车间作业计划、生产排班、加班申请等就可授权给中层管理人员负责。当然，财务报账签字和人事安排等重要业务，创业者还是应该由自己来掌控，以防止费用的无故增加以及人事矛盾的出现。这里，创业者也可以向一些管理人员授予一定额度的签字权。通过把一些日常性的、非核心的工作授权给中层管理人员，创业者就可以把自己从繁重的事务工作中解脱出来，把更多的精力集中在战略性问题的思考上。当然，创业者实现个人或企业的创业目标后，也可以选择急流勇退享受生活，从而真正解脱。

2. 完善组织架构，规范企业章程

在创业初期，创业者和企业只是对各种市场机会作出反应，而不是有计划、有组织、定位明确地开发利用自己所创造的未来机会。那时创业者不是在左右环境，而是被环境所左右；不是驾驭机会，而是被机会所驱使。相应地，企业的行为是被动的，而不是主动的、具有预见性的，布置任务不一定是根据员工的岗位和能力，其典型的状况就是因人设事、因人设岗。创业者常常会依习惯直接给下属安排工作，而不会依照工作流程行事。创业成功后，企业为了更好地发展，必须建立一整套完善的组织架构来有效地执行决策，有计划地完成企业的既定目标。创业者不必奢求一步到位，也不要期望建立一套能持久不衰的组织架构，因为企业的组织架构也需要根据企业的目标和发展阶段来进行调整，不可能一劳永逸。

创业者应该尝试围绕工作本身来进行组织，打破围绕人来组织的旧习惯，力图通过企业组织来实现自己的管理决策和管理理念。通常的做法是创业者或企业委托外部咨询企业，或者聘请具备丰富管理经验的职业经理人来帮助搭建组织架构。最稳妥的方式是先健全、完善辅助管理部门，如行政部门、财务部门和服务部门等组织设计与调整，然后是价值增值部门的组织调整，如生产部门和营销部门（或销售部门）等，这样做能在最大限度上稳定企业的经营。设计企业组织架构时，创业者可以运用一些非常规的小技巧，例如，多设置几个管理岗位，但并不安排人员，这样，对员工是一种吸引力，会起到正面激励员工的作用。如把三级销售组织结构调整成五级，效果会非常明显。当然，创业者还需要明白，在管理体系完善之后还应重视简化企业的管理层级，防止官僚管理的出现。此外，不是简单地设计企业的组织架构，同时需要进行的工作还有完善、健全企业的管理制度和规章。

3. 建立风险责任机制，趋利避害

创业企业风险责任机制是根据创业企业的风险控制规划和实施方案，确定相应的责任主体，做到风险管理工作各有其主，各司其职，各负其责。同时，要建立和不断完善风险控制目标体系和风险报告制度，创业企业内部各风险管理运作主体要严格按照既定目标要求和具体标准从事相应的监控与管理。

首先，要通过分析，主动预测风险可能会带来的负面影响。例如，投资一旦失误，可能造成多大损失；投资款万一到期无法收回，可能造成多大经济损失；贷款一旦无法偿还，会产生多大影响；资金周转出现不良，会对正常经营造成哪些影响。

其次，要积极预防风险。例如，对投资方案进行评估，对市场进行周密调查，制定科学的资金使用政策等。一旦某个环节出了问题，要有采取补救措施的预案，尽可能减少负面影响。同时，通过加强管理，特别是合同管理、财务管理、知识产权保护等，建立健全企业各项规章制度，在平时的业务交往中认真签订、审查各类合同，加强对决策过程和合同履行过程的监督。在经营活动中有所为、有所不为，经营什么产品、选择什么样的市场，都要仔细衡量，发挥优势特长，干应该干的，干可以干的，趋利避害，扬长避短，以变制胜。所谓“适者生存”，强调的就是“变”，创业者要适应外部环境的变化，随时作出调整。

最后，要学会降低风险和转移风险。对无法回避的风险，应当设法分解和转移风险。例如，尽可能将风险大的项目外包。对于风险较大的投资或经营活动，可以将这个项目分解成许多小的项目，再将其中风险较高但别人能接受或有能力掌控的部分分包给别人去做，共享收益、共担风险。不拒绝必要的合作和规模化经营。如果所从事的领域需要较强的实力，不要拒绝与他人合作，而应是积极主动地寻求合作与帮助，往往在共同发展的背后是风险的共同承担。企业还应建立风险预警机制和风险控制体系，如及时与政府部门沟通获取政策信息。在开发新产品前，充分进行市场调研，决策多方案优选、相机替代等。对于即将出现的而自己无论如何都承受不了的风险，为了求得长远发展，可以采取避险策略，果断退出，通过放弃眼前局部利益以渡过难关；对于已经酿就的重大风险，往往需要牺牲某些甚至是全部利益，如申请破产保护以求得再生。

4. 网罗人才，完善激励机制

在创业过程中，创业者与员工共同承担着巨大的风险，需要彼此风雨同舟、相互扶持，以共渡难关。创业初步成功后，创业者关注的是未来的更大事业，而员工更关注现在的既得利益。如果处理不当，创业者可能会受到“同患难易，共富贵难”的指责，会承受巨大的情感压力，有时甚至会感慨“没钱容易，有钱难”。如果企业是合伙建立或几个人共同创立的，有时难免会因为利益分配而出现企业的裂变，给企业造成伤害，甚至一蹶不振。如果合伙关系出于家庭或家族内部，亲情关系的矛盾更是难以逾越的障碍。另外，随着企业的扩大，新员工不断加入，他们更多的是一种职业选择，创业者需要考虑建立有效的机制来维系企业所需要的更多优秀员工。

人才是企业发展的关键，人力资本是企业的核心资本。因此，快速成长阶段的企业应该考虑建立一整套有效的激励机制，既能保障老员工或合伙人的既得利益，又能吸引新员工，真正凝聚更多的优秀人才，使企业得以稳步发展。解决方案的核心是紧缺骨干人才队伍的开拓建设和培养。此处的“开拓建设”是指贯彻“良将一名，胜似千军”的理念，通过用事业和重金双管齐下的方式，引进同行业相关骨干，充实到管理一线指挥作战。而“培养”主要是指通过提拔企业内优秀员工，帮助和鼓励他们尽快成长。处于快速成长阶段的企业，不可避免地存在经验的欠缺，因此，设计激励机制时，创业者要与员工达成有效的沟通，尽量做到一视同仁，避免特例或特殊照顾，要让员工理解和接受。当然，“老人老办法、新人新制度”也是创业者常常需要遵循的原则。

创业者不能仅仅关注激励机制的内容，更重要的是关注激励的过程和结果。激励制度要严格执行，及时奖惩，让员工感到激励机制确实是有效的承诺和强大的奋斗动力。这样，无论是期权等制度安排，还是奖金等物质刺激，都能发挥应有的作用。当然，除了激励机制以外，良好的企业前景对于优秀人才也具有很强的吸引力和凝聚力，这就需要在这个阶段维护和提升企业的经营业绩，规划好企业的未来发展。

创业初步成功后，无论创业者如何处置企业，如何选择自我命运安排，规避和解决企业这个阶段所出现的管理危机问题，无疑需要创业者认真对待。创业者不仅要注重创业历程和创业后的自我命运，更应该在创业成功后，通过提升管理水平、制定正确的发展战略来为企业未来的发展奠定基础。当然，创业者也要更多地抽出时间和精力关心家庭、温暖家人，并经常与家人沟通，以获得他们的支持，这也是必不可少的。

5. 发展核心竞争力

保持竞争优势是每个企业得以持续成长的关键。新创企业必须选择、培养和不断发展核心竞争力才能取得并保持竞争优势，这是企业生命力所在。根据核心竞争力理论，对企业竞争优势起关键作用的知识和能力称为核心竞争力。核心竞争力实质上是组织内部一系列互补的知识和技能的独特的组合体，当这些资源被组合到业务流程之中，组合的独特性往往能为顾客带来更多的价值，组合的复杂性又常常使竞争对手难以模仿，因而能够使企业确立竞争优势，顺利实现规模扩张。核心竞争力也叫核心专长，培育和发展核心竞争力之前，必须让企业寻找出属于其自身的核心专长，然后在这个核心专长上与他人竞争。

所谓核心专长，是指拥有别人所没有的优势资源，这项资源可以是人力、产品、品牌、技术、流程、营销能力、企业文化及价值等。中小企业核心竞争力主要体现在市场营销能力上。市场对企业影响重大，失去市场或市场狭小，都会导致创业的失败。竞争优势可以为企业带来更多的利润，但是随着竞争对手的学习、模仿和攻击，竞争优势会随着时间而逐渐丧失。此时，如果不采取有效措施，企业就会逐渐衰退，陷入亏损甚至是破产的境地。而这个有效措施就是，处于快速发展阶段的新创企业必须研究并确立自己的发展战略。

企业战略体现在企业依据自身的特点选择一个较小的产品或服务领域，集中力量进入并成为当地市场第一，再从当地市场到全国市场，再到全球市场，同时建立各种进入壁垒，逐步形成稳定、持久的地位和竞争优势的全部过程。只有确立和选择了正确战略，并在其指引下不断实施成功的战略行动，才能在竞争对手成功学习、模仿或者攻击之前，建立起企业新的竞争优势，使企业的利润永远处于盈亏平衡线以上，这才是快速成长中的企业永葆青春的秘诀所在。

第四节 大学生创业危机管理

危机管理这一概念是美国学者于 20 世纪 60 年代提出的。作为一门学科，它是决策学的一个重要分支，首先被用于外交和国际政治领域。由于国际经济的发展，特别是跨国企业在全球的兴起，人们开始将危机管理理论引进企业。对企业危机管理的研究，目前仍处于发展中，不同学者的看法也不尽相同，多数定义不同程度地存在只注重企业受到打击后的应对对策，而忽视了危机的两重性特点。本书赞同这样的观点：危机管理是企业为了预防、转化危机而采取的一系列维护企业生产经营的正常进行，使企业摆脱逆境，避免或减少企业财产损失，将危机化解为机遇的一种企业管理的积极主动行为。危机本身既包含了导致失败的根源，又蕴藏着成功的种子。实际上，企业发生危机，是企业面临危险与机遇的分水岭。危机是一种挑战，是对企业管理领导能力和企业管理素质的考验与挑战。出色的企业管理者可以使濒临绝境的企业转危为安，从危机中找到商机。

危机事件一般可划分为 4 个时期，即潜伏期、爆发期、发展期和控制恢复期。与此相对应，创业的危机管理也被划分为 4 个阶段，即危机的预防、危机的确认、危机的控制和危机的化解，而后面 3 个阶段属于事后管理，可归纳为危机的处理。

俗话讲“防火胜于救火，防灾胜于救灾”。危机管理最有效的措施是危机的预防。对于企业来说，危机无时不在。创业企业更是如此，必须充分认识防范危机的重要性。预防阶段危机管理工作的特点，概括来说就是细致、敏锐和持之以恒。因为，必须观察和发现异常，并由此捕捉危机事件的征兆。为了使企业决策层和大多数员工在危机始发时能更快地、更准确地作出反应，企业必须建立一套预警系统来帮助企业决策层和员工应急准备，以预防危机的发生，防患于未然。

一、危机预防

商海行船，不可能一帆风顺，或有惊涛骇浪，或遇暗礁险滩。这就要求创业企业一方面要建立危机防范系统以降低危机的发生概率，居安思危，在企业顺利发展阶段，找出隐性危机，树立危机意识；另一方面要建立危机管理系统，在企业面临危机时，及时找出危机发生的原因和提出可行的处理方法，从而有助于减少危机发生时所带来的破坏和损失，有助于危机防范策略的实施和改进。危机管理的重点，不在于处理，而在于预防，正所谓防患于未然。事实上，几乎所有的企业危机都是可以通过预防来化解的。一般来说，危机事件的发生多半与企业自身的行为过失有关，或是因为不了解消费者需求，或是因为管理失当，或是因为产品、服务质量缺陷。正因为如此，企业才应通过预防措施，减少甚至杜绝危机事件的发生。

（一）提高危机意识，加强危机管理

提高危机意识、加强危机管理已成为商界的共识。一方面，各级政府对危及公众利益事件惩治力度加大，公众维权意识以及媒体传播力度和广度空前提高；另一方面，大部分企业虽然危机意识有所提高，但还是暴露出对危机缺乏系统的管理机

制，预警不到位、不及时，缺乏危机管理经验，特别是缺少训练有素的危机管理人员。企业的所有行为都是通过人的行为来实现的，因而对企业员工进行危机管理教育和培训就显得十分重要。而危机管理教育首先在于提高危机意识，让全体员工都明白危机管理的重要性和必要性，提高员工对危机事件发生的警惕性。其次在于加强危机管理，包括培训员工的生产和服务技能，保证企业产品或服务的质量，减少企业自身错失的机会。再次是培养员工合作与奉献的精神，即与同事合作，减少内部管理摩擦；与政府合作，减少企业违法违规的机会；与商业伙伴合作，减少与伙伴的争执与纠纷；与消费者合作，减少消费者对企业产品或服务的不满与抱怨；与新闻媒体合作，减少媒体对企业的误解与曲解。最后是尽到企业的社会责任，教育职工奉献社会的精神。

（二）建立健全企业保障机制

符合危机管理要求的企业保障机制，要求企业在进行危机管理设计时，必须考虑到以下几个问题。

第一，确保企业内部信息通道畅通无阻。即企业内部的任何信息均可通过企业适当的程序和渠道传递到合适的管理层级和人员。

第二，确保企业内部信息得到及时的反馈。即传递到企业各部门和人员处的信息必须得到及时的反应和回应。

第三，确保企业内部各个部门和人员责任清晰、权力明确。即各个部门和人员不至于发生互相推诿或争相处理。

第四，确保企业内部有危机反应机构和专门的授权。即企业内须设有危机处理机构并授予其在危机处理时的特殊权力。如此一来，企业内信息通畅、责权清晰，一旦发生任何危机先兆均能得到及时的关注和妥善的处理，不至于引发真正的危机。

（三）充分的资源准备

企业预防危机的资源准备分为人力资源和财力资源两个部分，但其中最为关键是人力资源准备。处理危机事件，关键在人。而这种人力资源的准备既要有企业内部的人力资源，也要充分利用社会上的相关人力资源即外部人力资源。企业内部的人力资源准备主要集中在建立企业自身的精英队伍，其中包括产品技术精英、生产行家、售后服务专家、法律顾问、人力资源专家和谈判能手，而外部人力资源的准备则在于行业专家、资深学者、媒体精英和相关专业人士等。由于危机处理对于参与人员的素质要求很高，如果这些人员不能进行提前准备，就很难在危机发生时找到合适的人员，从而延误时机并导致处理失败。

尽管每个企业都可能会遇到危机事件，但很难想象每个企业都能建立起一套行之有效的危机管理体制并储备足够的危机处理资源，当然这主要指的是人力资源。这样一对矛盾的存在，自然也就孕育了一个充满生机的危机管理中介服务市场，这也符合当前社会分工日渐专业化的趋势。虽然目前我国危机管理专业服务市场尚不发达，但显然已有企业注意到了这个商机的存在。一些公关公司、管理顾问和咨询公司相继推出了危机管理服务项目，其中重点是危机处理服务。

一个成熟的专业化危机管理服务机构，其核心资源是其人力资源和关系资源。人力资源中应包括法律专业人士、管理专业人士、谈判专家、媒体管理精英等，而其关系资源中则应包括著名专家学者、社会知名人士、社团领导者和一流管理智库等。

在无法或没有建立专门的危机管理体制，或自有的危机体制无法发生作用时，企业可以充分借用外部资源即专业的危机管理服务机构来为企业提供危机管理或危机处理服务，以避免自己无力处理而勉强为之带来的巨大损失。一般情况下，专业机构的服务水准高于企业自身的能力，因为专业人员更富有经验和专业素质，而且他们在处理危机时不受情绪的干扰，这是企业自身危机处理小组较难做到的。

二、危机处理方法

当创业企业面临各种危机时，不同的危机处理方法将会给企业带来截然不同的后果。及时的危机处理不仅能成功地将企业所面临的危机化解，而且还能够通过危机处理过程中的种种措施增加外界对企业的了解，并利用这种机会重塑企业良好形象，即所谓因祸得福，化危为机。与此相反，不成功的危机处理或不进行危机处理，则将置企业于极其不利的地位：以新闻媒介为代表的社会舆论压力将使企业形象严重受损，危机来源一方的法律或者其他形式的追究行动将使企业遭受巨大的经济损失，企业员工因为无法承受危机所带来的压力而信心动摇甚至辞职，新老客户纷纷流失等。

危机处理是企业经营管理活动中不可或缺的一个环节。很多跨国企业设有专门的危机管理机构，且一般其主管都是由企业首席执行官兼任。在这些危机管理机构中，大多数人员都是兼职的，而且其中绝大多数是由企业部门主管以上人员和企业外聘顾问组成，这样的组织结构保证了企业在面临危机时的反应速度和效率，从而确保了对危机事件的成功解决。但同时也应注意到，在很多企业家眼里，企业危机是无法预测和无法管理的，因此他们不可能为此设立专门的管理机构，当然也没有这方面的人才准备。所以，一旦发生危机事件，很多企业往往采取逃避的态度，希望通过逃避来减轻事件的危害性甚至解决危机。其实，这种想法往往事与愿违，公众在没有得到明确答复时，会加剧对危机的误解，而使企业产生更大的危机。还有一些创业者在企业发生危机事件时表现得六神无主、惊慌失措，继而应对失策，导致全盘皆输。

多数危机在爆发前都会出现或多或少的征兆或迹象，只是在危机真正爆发之前，这些蛛丝马迹的预警信号往往没有引起人们的注意和足够重视而已。企业危机是可以认识，可以预测的。企业危机与企业发展相伴而行，企业危机的形成与发展也有一个过程，有其自身的规律，人们应重视企业危机发生前的这些征兆。

（一）危机前兆

企业危机出现的前兆主要表现在以下几个方面。在管理者行为方面，不信任部下，猜疑心重，对部下的建议听不进去，一意孤行，固执己见，使员工无法发挥积极性；对员工要求严厉，对自己要求宽松，执行双重道德标准，上下之间积怨甚深等。在经营财务方面，销售额经常收益率和经常收益增长率大幅下降，负债比率大幅升高，自有资本率大幅降低，拖欠业务付款，拖欠员工工资等。在经营策略方面，计划欠缺慎重周密，对产品任意调价，在市场变化或政策调整等外界变化发生时，无应变能力；投资与本行不相干的行业，从事买空卖空的投机等。在经营环境方面，市场发生重大变化，出现了强有力的竞争对手，企业内部不和，谣言四起，中坚力量陆续辞职和调离，内部管理出现不协调迹象，有不守信用的行为发生，受到新闻界、政府部门"曝光"，社会公众舆论哗然等。

如果出现了上述前兆，那就预示着一场危机即将到来。企业应当从各个渠道及时捕捉到这些前兆，并对这些前兆进行分析和判断，及时进行必要的防范，确保企业的某些薄弱环节不至于转变为危机。

（二）危机化解

当企业利益与社会利益发生严重冲突的时候，在极短时间里企业应对危机的态度和行为，将直接影响一家企业的长期发展甚至是生死存亡。

1. 化解原则

危机化解是危机管理的主要环节。一旦企业发生危机事件，危机化解就显得极为重要，因为它事关企业的生死存亡。危机化解是一个综合性、多极化的复杂问题，企业在进行危机化解时，必须遵循一些基本的原则：第一，高度重视，高层躬亲，不能掉以轻心，麻痹大意；第二，及时反应，及时处理，不能拖拖拉拉，贻误战机；第三，高瞻远瞩，顾全大局，不能斤斤计较，因小失大；第四，合理合法，有取有舍，不能以非抑非，无视国法；第五，亡羊补牢，整顿完善，不能伤好忘痛，一犯再犯。危机管理根本性取决于企业战略，取决于站得高、看得远。战略方向是错误的，转“危”为“机”难上加难。危机管理的核心是危机公关，既涉及对外各利益相关方，也必须重视对内员工的危机教育。

总体而言，以下危机化解的做法值得借鉴：第一，积极与消费者沟通，争取主动性；第二，指定新闻发言人，保证信息的统一性和畅通性；第三，以真诚的态度面对消费者。如索尼在致消费者的通知函中，虽含蓄却完整地表达了对消费者的“4R”公关原则——遗憾（Regret）、改革（Reform）、赔偿（Restitution）、恢复（Recovery），即一个组织要表达遗憾、保证解决措施到位、防止未来相同事件再次发生并且提供合理和适当的赔偿，直到安全摆脱这次危机。

2. 化解程序

企业在遵守上述化解原则与方法的同时，还须按照合理的程序来化解危机，方可做到临危不乱，张弛有道。一般来说，危机化解应按如下程序来进行。

第一，听取危机事件报告及评估。危机事件的发生往往十分突然而且来势汹汹，但这绝对不能影响作为企业最高负责人的头脑冷静。因此，当危机事件发生时，企业负责人首要的事便是召集企业高层听取关于危机事件的报告。报告应由一线员工或亲历员工汇报，力求准确、全面、详尽、客观。不能对危机事件的重要细节隐而不报，且必须站在客观的立场进行报告。因为多数时候汇报人在汇报时会有意无意地为自己或为企业开脱责任，隐瞒一些可能涉及自己或企业责任的事实或情节，从而影响对危机事件的全面正确评估。当最高负责人和高层人员听完汇报之后，必须在最短的时间内对危机事件的发展趋势、给企业可能带来的影响和后果、企业能够和可以采取的应对措施，以及对危机事件的处理方针、人员、资源保障等重大事情作出初步的评估和决策。

第二，组建危机处理小组。当企业最高负责人对危机事件作出了初步的评估和决策之后，紧接着的工作便是成立危机处理小组。危机处理小组应为处理危机事件的最高权力机构和协调机构，它有权调动企业的所有资源，有权独立代表企业作出任何妥协、承诺或声明。一般情况下，危机处理小组应由企业最高负责人担任小组负责人。小组的其他成员，至少应包括企业法律顾问、公关顾问、管理顾问、业务负责人、行政负责人、人力资源负责人和小组秘书及后勤人员。危机处理小组在必要时可分为两个小组，即核心小组和策应小组。核心小组主要由企业最高负责人、法律专家、公关专家、业务专家和谈判能手组成，策应小组由行政负责人、业务负责人、人力资源负责人和其他后勤人员组成。其中，核心小组主要负责执行谈判、交涉、决策和协调任务，而策应小组则是负责实施解决方案和提供后勤资源保障任务。

第三，制订危机处理计划，全面调配物质资源。危机处理小组成立之后，首要的工作便是根据现有的资料和情报以及企业拥有的可支配的资源来制订危机处理计划。计划必须体现出危机处理目标、程序、人员及分工、后勤保障、行动时间表以及各个阶段要实现的目标。其中还必须包括社会资源的调动和支配，费用控制和实施责任人及目标。计划制订完成并获通过后，策应小组便立即开始进行物质资源调配和准备，而核心小组成员则要立即奔赴危机事件现场，展开全面的危机处理行动。

第四，危机化解。核心小组在到达危机事件现场后，需首先进行事件的了解和核实，发现是否有与汇报不符的事实和情节，如有则需立即进行有针对性的调整危机处理，如无则按原计划进行。危机处理根据危机事件的性质和情况不同，一般按如下方式进行。

如果危机事件尚未在媒体曝光，则必须控制事件的影响。在对事件进行充分调查了解的基础上，根据法律和公理，果断作出处理决定。在这一阶段，企业可以在合理合法的前提下，适当让步，争取牺牲小利换来事件的快速处理，以免因事态的进一步恶化所带来的无法控制的局面和企业声誉的损失。但同时需要注意的是，在该阶段的处理方案中，必须包括对危机事件另一方的保密责任和违约责任进行严格的规定，以防其事后反悔，从而导致企业被动。

如果危机事件已由媒体公开并已造成广泛影响，则危机处理应将重点转到媒体公关上来。当然，对危机事件本身的处理也需尽快完成。对媒介的公关，主要方式是让媒体了解事实真相，引导其客观公正地报道和评价事件。如果事实真相对企业不利，则危机处理小组必须表现出真诚的悔意和改正的决心，并强调该次事件的偶然性和企业的改正措施及时间表，以及企业承担责任的方式和范围，以取信于媒体和公众，然后认真整改。如果事实的真相对企业有利，则危机处理小组必须充分利用媒体揭示事实真相，让媒体充分了解事件原委并引导其对事件本身进行客观的报道和评论，争取得到舆论的同情和理解，特别要注意对此前那些对企业进行过负面报道的媒体不要指责，而要引导其视线，唤起其良知和公义之心，让其自行对此前的报道进行更正。与此同时，危机处理小组还需通过法律专家和顾问，向危机事件的另一方施加法律行动的压力，迫使其承认过错，承担责任，达成解决方案。

危机处理小组在通过引导媒体进行事件报道的同时，需对企业的经营状况、业绩、产品和服务的特色以及企业文化等进行广泛的宣传，让关注事件的公众更多地了解企业和认同企业。在必要的情况下，还可以对企业的发展战略和经营计划进行适当的介绍，或是对与危机有关的企业产品或服务进行详细的介绍和说明，以期引起舆论的关注和兴趣。这就是所谓的利用危机、化危为机、将坏事变成好事。在危机处理过程中，不论是与媒体还是与另一方当事人打交道，危机处理小组都必须注意权衡利弊得失，相机而动，随时调整处理策略，切忌冲动和斤斤计较。危机小组在处理过程中还需与当地政府保持联系，必要时可寻求当地政府支持和帮助。此外，企业在危机处理过程中必须注意尊重当地习惯、风俗和文化，其中当然包括对对手的尊重。企业的生存发展是百年大计，而危机事件只是其中一个插曲，企业必须将目光放远，该取舍时果断取舍，不能拘泥于一时一事。企业在危机处理过程中的所有表现将被舆论视为企业的一面镜子。

企业在危机处理过程中所表现出来的风度和态度、真诚和善意以及牺牲和妥协都将成为企业形象的一个重要部分。因此，所有参与危机处理的人员必须自始至终表现出良好修养，不得因个人行为而影响企业的形象和声誉。反之，企业则应利用这样的机会，在公众心目中树立企业的正面形象。企业危机处理的过程，从一开始就应被视为企业与社会公众沟通的一个过程。无论危机事件涉及的是个人、企业，还是新闻媒介，都应充分利用这个机会广交朋友，特别是与新闻媒介打交道的时候更是如此。实践证明，一次成功的危机处理，往往能为企业带来新的关系资源和公众支持。

第五，汇报结果，总结经验教训。危机事件解决方案的达成和实施，并不意味着危机处理过程的结束。对企业来讲，最为重要的危机处理环节便是总结经验教训。这个环节之所以如此重要，是因为企业可以从这个环节中发现企业经营管理中存在的问题，并且有针对性地进行改进和提高。

在危机处理过程中，企业往往会发现一些平时未能发现的问题，特别是与引发危机事件有关的问题。这些问题中有些是偶然的，有些是制度性的，有些则是人为造成的。随着危机事件的处理，这些问题也逐渐暴露出来，而且这些问题的暴露还会引发一些与之相关联的或者本身虽然与危机事件无关但也是很重要的问题。企业可以通过对暴露出来的问题作出分析，进行必要的改革和调整，从而避免企业犯类似的或更大的错误。

同样，在危机处理过程中，企业也会发现一些平时未能发现的长处，或是未能发现的资源。这样的发现将有利于企业将这部分资源进行有效的利用或将这部分长处进行进一步强化，体现出其重要性。

除此之外，企业还可以通过危机处理来积累包括危机处理经验在内的各种经验，建立起一些平时没有机会建立起的社会关系资源，如媒体关系或是与消费者的互信关系。一些更成功的危机处理还会通过危机处理来进行企业广泛的正面宣传，扩大企业的社会影响，提升企业的知名度和美誉度，从而积累企业的品牌资源。

3. 危机恢复管理

企业危机管理的最后一个课题是在危机处理完毕之后，根据企业从危机处理过程中总结出来的经验和教训，进行企业经营管理活动的改进。

企业对其经营管理活动进行的改进，主要是根据在危机处理过程中发现的问题和总结的经验来进行的。其主要内容是对企业存在的问题进行解决和对企业积累的经验进行推广，如有的企业发现企业内部信息沟通不畅是危机事件发生的根本原因，则其要进行的改进包括重新设计企业的组织结构，强化企业内部的信息沟通渠道和反馈渠道，从而避免因信息沟通不畅而再次引发危机事件；有的企业发现是其基层员工素质低下而引发的危机事件，则改进必须包括对基层员工的培训和考核，甚至进行必要的处理和更新；如有的企业发现是经营指导思想引发了危机事件，则必须改变其经营指导思想，以免重蹈覆辙等。

企业进行推广的经验或强化的制度主要是在危机处理过程中发现的、企业引以为傲的东西，如企业的凝聚力、合理的工作流程、广泛的社会关系资源、高素质的员工等。企业经验的推广能增强员工的信心和自豪感，同时也有利于提升企业的竞争力。因而，企业应善于从危机中发现企业的优点和长处并加以推广运用。

危机恢复管理中十分重要的一个方面就是对危机处理过程中发现的问题，有针对性地开展一系列的企业形象恢复管理活动。这主要包括：投放企业形象广告、产品广告；推出企业全新的产品和服务；调整企业的管理团队，引进新的形象良好的高层人物；公布企业新的市场拓展计划和产品发展计划等。通过一系列有针对性的形象恢复管理活动，充分利用公众对企业的关注力未减弱之前的宝贵时间，改变公众对企业的印象并增加其对企业未来的信心。

第七章　大学生创业商业模式设计与商业计划书

第一节　大学生创业商业模式设计

一、商业模式概念

商业模式（Business Model）是管理学的重要研究对象之一，一些主流商业管理课程均对商业模式给予了不同程度的关注。尽管商业模式的概念在20世纪50年代就已提出，但直到20世纪90年代才开始被人们广泛使用和传播，成为挂在创业者和风险投资者嘴边的一个常用名词。

哈佛商学院著名教授克莱顿·克里斯滕森认为，商业模式就是创造和传递客户价值以及企业价值的系统。学者泰莫斯则认为，商业模式是指一个完整的产品、服务和信息流体系，包括每一个参与者与其在其中起到的作用，以及每一个参与者的潜在利益和相应的收益来源与方式。

目前，对于商业模式的定义还有很多其他版本，并没有一个权威的解释，但究其本质来说，就是指一个企业通过什么途径和方式来赚钱，从而实现企业的持续盈利。从这个本质上看，商业模式对企业非常重要，关乎企业的生死存亡，是企业的立命之本。

综合大量研究者给出的定义，并联系商业模式的本质，商业模式是指主导企业创造价值的核心逻辑，也就是说企业为实现客户价值最大化和可持续盈利，整合内外各要素设计出的一整套高效率的、具有独特核心竞争力的价值运行体系。

商业模式的构成包括价值主张、盈利模式、关键资源和关键活动4个部分，也就是需要创业者回答以下4个问题。

（1）企业能给客户带来什么价值？

（2）企业如何在经营领域获利？

（3）企业具备哪些重要资源和能力？

（4）企业为了实现价值最大化将如何做？

一个成功的商业模式不仅要持续创造利润，还要为客户、员工、合作伙伴、股东等提供相对应的价值，或者是把先进的技术和社会需求连接起来，创造出新的价值。

二、商业模式的设计方法

对于一家企业来说，商业模式不是一成不变的。当企业的资源、市场环境或行业地位等发生变化时，商业模式可以进行更新和调整。这种调整不一定是在技术上有新的突破，可能是对体系中某一个环节进行改造，或是对原有的模式进行重新调整，甚至是颠覆模式。大学生创业时必须掌握商业模式的设计方法。

（一）商业模式设计的核心原则

要想设计一个成功的商业模式，必须了解以下8个核心原则。

1. 客户价值最大化

客户价值的来源有两个方面，一个是客户从企业的产品或服务中得到需求的满足，另一个是企业从客户的购买中实现的企业收益。一个商业模式能否持续盈利，与该模式能否使客户价值最大化有着必然的关系。一个不能使客户价值最大化的商业模式，即使盈利也一定是暂时的、偶然的，是不具有持续性的。反之，一个能使客户价值最大化的商业模式，即使暂时不盈利，但终究还是会走上持续盈利的轨道。所以创业者要将客户价值最大化当作企业始终追求的主观目标。

2. 持续盈利

能否持续盈利是判断企业商业模式是否成功的唯一外在标准。因此，企业在设计商业模式时，如何持续盈利也就成为重要的原则之一。当然，这里的盈利是指在合法的基准上盈利，并且，这种盈利还要具有可持续性，而不是一时的偶然盈利。持续盈利是一个企业核心竞争力的体现，企业既要有盈利能力，又要有发展后劲。

3. 资源整合

资源整合是指企业对不同来源、不同层次、不同结构、不同内容的资源进行识别与选择、汲取与配置、激活和有机融合，使其具有较强的柔性、条理性、系统性和价值性，并创造出新资源的一个复杂动态过程。资源整合既是企业战略调整的手段，也是企业经营管理的日常工作。

资源整合需要优化资源配置，有进有退、有取有舍，从而获得整体的最优解。资源整合能够促进企业的快速发展、生产流程的有序循环、资金周转速度的加快，从而实现企业利益的最大化。

4. 创新

创新是企业发展的不竭动力和源泉。商业模式的创新贯穿企业经营的整个过程，贯穿企业资源开发、研发模式、制造方式、营销体系、市场流通等各个环节。也可以说，在企业经营的每一个环节上的创新都可能变成一种成功的商业模式。

商业模式创新，可以从3个层面来考虑：一是基础层面的创新，即对商业模式最基本问题解决方案的创新；二是运营模式层面的创新，主要涉及收入模式的创新；三是结构层面的创新，主要指将多个商业模式模块进行组合的平台化创新。

5. 融资有效性

所谓融资，是指企业运用各种方式筹集资金的一种行为与过程。企业生存需要资金，企业发展需要资金，企业快速成长更需要资金。资金问题已经成为所有企业发展中绕不开的障碍和瓶颈。在激烈的市场竞争中，谁能率先解决资金问题，谁就能赢得企业发展的先机，也就掌握了主动权。

从一些成功企业的发展历程来看，无论其对外阐述的成功理由是什么，但都不能回避和掩盖融资在其发展过程中的重要作用，许多企业就是因为没有建立起有效的融资模式而失败了。因此，在商业模式的设计中，最重要的一环就是要考虑融资模式。甚至可以说，能够有效融资并能将资金用对地方的商业模式，就可以算是成功了一半。

6. 组织管理高效率

组织管理高效率是指达到组织目标的能力和有效程度，是每个企业管理者都梦寐以求的境界，也是企业管理模式追求的最高目标。用经济学的眼光衡量，决定一个国家富裕或贫穷的关键是效率，决定企业是否有盈利能力的也是效率。

按照现代管理学理论来看，一个企业要想高效率地运行，首先，要解决企业的愿景、使命和价值观，这是企业生存、成长的动力，也是员工干好本职工作的理由；其次，要有一套科学的、实用的运营和管理系统，解决系统协同、计划、组织和约束问题；最后，要有科学的奖励或激励方案，解决的是如何让员工分享企业成长果实（增加凝聚力）的问题。只有把这3个主要问题解决好了，企业的管理才能实现高效率。

7. 风险控制

风险控制是企业采取各种措施和方法，消灭或减少风险事件发生的可能性，以及减少风险事件发生时造成的损失。设计得再好的商业模式，如果抵御风险的能力很差，就会像在沙丘上建立的大厦一样，经不起任何风雨的洗礼。企业所面临的风险来自方方面面，有法律、政策、社会、市场等方面的，也有产品、技术、人力资源、资金等方面的。

8. 合理避税

合理避税是指在法律允许的情况下，以合法的手段和方式来达到纳税人减少缴纳税款的经济行为。合理避税不是偷税、逃税，在现行的制度、法律框架内，合理地利用有关政策减少缴纳税款，可以有效增加企业的盈利。

（二）商业模式设计工具——商业模式画布

1. 商业模式画布的定义

商业模式画布是描述商业模式、可视化商业模式、评估商业模式以及改变商业模式的工具。使用商业模式画布可以描述和分析企业、组织和个人如何创造价值、传递价值和获得价值。

商业模式画布类似于画家作画的画布，其中设置了 9 个空格，商业模式的设计或评估人员可以在上面画上商业运作的核心模块。

2. 商业模式画布的作用

为了更快速、更全面地分析企业的商业模式，目前最流行也最受认可的工具就是商业模式画布。虽其名为画布，但它其实是一种思维方式，是帮助创业者及其团队梳理商业模式的一种工具，它可以将商业模式中的元素标准化，并强调元素间的相互作用。

（1）完整性。它可以确定商业模式的各个层面，是一种高层次的描述。这里的完整性并不是指事无巨细，画布的各个模块不纠缠于细节的描述，但如果商业模式中存在着很大的漏洞，就会一目了然地反映在画布上。

（2）一致性。它可以判断该商业模式的各个层面是否围绕一个核心点，各模块的设计是否一致。例如，客户细分的设计与关键业务的设计是否一致。

（3）直观性。它可以清晰明了地展现商业模式的焦点，通过画布可以讨论商业模式各方面是否形成一个整体。例如，商业模式画布可以呈现企业正在做什么，为什么要这么做。相比用文字描述，图形化的内容更能让人理解。

（4）高效性。它可以让商业模式的设计者或修改者变得更高效、执行力更强。同时还能产生多套方案，提供更多可能性。

3. 商业模式画布的9大模块

如图7-1所示，商业模式画布从客户、产品或服务、基础设施和财务生存能力4个主要方面来阐述商业模式的9大模块，通过往这些空格里填上以下9个方面的内容来分析、设计商业模式。

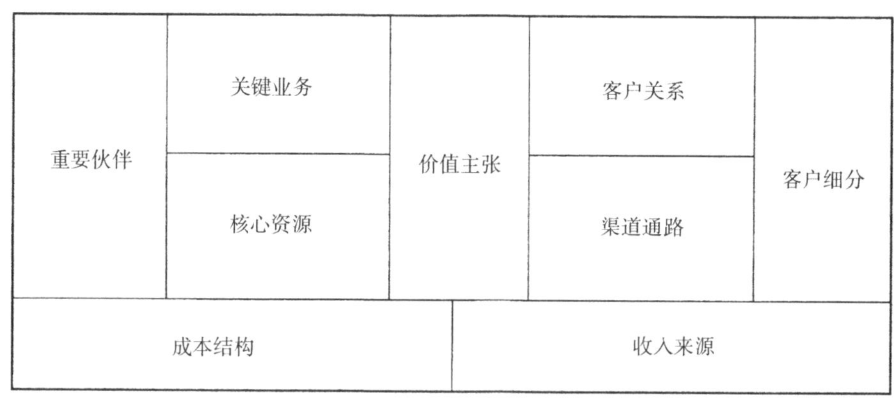

图7-1 商业模式画布模板

(1) 价值主张（Value Propositions，VP）即企业通过其产品或服务向用户提供的价值。在这个模块中，设计者要回答企业为客户创造什么价值，解决什么问题，向每一个细分客户群体提供什么产品或服务，满足客户的哪些需求。例如，某品牌的价值主张是帮助消费者（更多的是年长者）能够健康睡眠、润肠通便，拥有健康的体魄和美好的生活状态。

(2) 客户细分（Customer Segments，CS）即企业想要接触和服务的人群或组织，也称目标客户。在这个模块中，设计者要回答企业为哪些群体提供服务，帮助哪些群体解决问题，哪些群体会为购买企业的产品或服务。上述过程也被称为市场划分或者是市场定位。例如，某电商品牌可以对目标客户进行细分，按照是否对价格敏感分为敏感型客户和不敏感型客户，按照对品牌的态度分为虚荣型客户和实用型客户等。通过这样一个细分过程，企业就可以针对不同客户进行营销，对价格敏感的客户强调折价促销，而对注重形象的客户则强调潮流和时尚。此外，在产品设计上也可以对客户做有针对性的推荐。

(3) 关键业务（Key Activities，KA）即企业为了让商业模式成功运作起来，必须做的最重要的事情。在这个模块中，设计者要回答企业的渠道有哪些关键业务，企业的价值主张有哪些关键业务，有哪些生产经营活动是企业必须进行的，哪些关键业务是企业存活下去的基本条件。

(4) 渠道通路（Channels）即企业如何沟通、接触客户而传递其价值主张。在这个模块中，设计者要回答通过何种渠道通路可以将企业创造的价值传递给客户，通过何种渠道去接近企业的各个细分客户群体，销售渠道是如何整合的，哪个销售渠道最高效。例如，很多企业会通过发传单这样一个渠道来积累自己的目标客户。还有在手机上的各大应用市场上架企业 App，这些都是企业为了触达客户而搭建的渠道。

（5）客户关系（Customer Relationships，CR）即企业与客户不断加强交流，不断了解客户需求，并不断对产品或服务进行改进和升级，以满足客户需求的过程。在这个模块中，设计者要回答企业与客户需要建立一个什么样的关系才能让客户一直留存，这些关系是如何与企业的商业模式整合在一起的。关于客户关系，在日常生活中人们接触最多的就是会员系统。例如，理发店的年费会员、健身房的会员制、各种商家的会员卡、移动联通运营商的通信套餐等。它们这样做的目的就是要留住客户，让客户继续消费。

（6）核心资源（Key Resources，KR）即企业自身所拥有的能力和资源，它是保证企业的商业模式能够正常运转的核心内容。核心资源包括核心技术、专业人才、先进管理设备或系统等。在这个模块中，设计者要回答为了实现企业的价值主张需要哪些核心资源。例如，华为凭借自主研发的核心技术、一流的流程管理、全球优秀的专业人才库等核心资源，成长为全球领先的电信解决方案供应商。

（7）重要伙伴（Key Partners，KP）即企业为了运作商业模式，所需的供应商和合作伙伴。合作伙伴包括企业核心业务所涉及或者依赖的上下游服务商，甚至还包括竞争对手。在这个模块中，设计者要回答谁是企业的重要合作伙伴，谁是企业的重要供应商，企业正在从合作伙伴那里获取哪些核心资源，合作伙伴在执行哪些关键业务。

（8）成本结构（Cost Structure，CS）即运营一个商业模式所需要的所有成本。成本结构也可以理解为在获取核心资源、实施关键业务、开展重要合作过程中产生的费用，包含固定成本、可变成本等。在这个模块中，设计者要回答为了实现价值的创造、传递和获取，需要哪些成本支出，其中的成本结构又是怎样的。例如，传统行业（如餐饮、服装等）的成本构成，一般包含物业租金、装修费、水电费、人力成本、推广宣传费用、原料成本等。又如，新兴的网络行业（如电商企业、游戏企业）的成本构成，一般包含员工工资、服务器运维费用、推广费用、新人培训费用、税收、物业租金、装修费、水电费、办公用品支出等。

（9）收入来源（Revenue Streams，RS）即扣除成本后从每个客户群体中获取的收入。收入来源主要从盈利模式、客户终身价值、主营业务收入和其他收入等方面来分析。在这个模块中，设计者要回答企业的盈利模式是什么，定价策略是什么，每个收入来源占总收入的比例是多少。

完成商业模式画布的设计，就是结合商业模式画布的9大模块，对各模块的重点内容进行分析。设计者需要召集企业的核心团队成员全部参与讨论，逐一对9大模块展开讨论。值得注意的是，9大模块中需要重点关注的是明确价值主张、客户群体的细分、核心资源的确认、关键合作伙伴的识别以及运营成本等分项。

三、商业模式的参考模型

（一）传统商业模式

根据商业模式的发展演变，最古老也是最传统的商业模式就是店铺模式。简单来说，就是在具有潜在消费者群体的地方开设店铺并展示其产品或服务。这在日常生活中很常见。经过不断发展演变，店铺的买卖模式又可分为以下几类。

1. 直供模式

直供模式主要应用在一些市场辐射半径比较小，产品价格比较低或者交易流程比较清晰，具有较强实力的大企业。直供模式要求生产商具有强大的执行力、现金流状况良好、市场基础稳固、具备市场产品流动速度快等特点。

2. 总代理模式

这种商业模式为广大的中小企业所广泛应用。中小企业在发展过程中面临着两个最为核心的困难：一是渠道困难，它们很难短时间内在目标市场搭建销售渠道，而选择经销商做总代理，则可以省去在当地建设渠道的过程；二是资金困难，中小企业普遍资金实力相对薄弱，选择总代理模式，它们可以利用代理商的一部分资金，一些企业就是通过这种方式完成原始资金的积累，实现了企业的快速发展。

3. 联销体模式

在总代理模式下，市场上好的经销商成为一种稀缺的战略性资源，很多有实力的经销商为了降低商业风险选择与企业进行捆绑式合作，即生产商与经销商分别出资，成立联销体机构。这种联销体模式既可以帮助经销商控制市场风险，也可以保证生产商始终有一个很好的销售平台。

4. 仓储式模式

仓储式模式也是较为常见的商业模式。很多品牌基于渠道建设成本很高，生产商竞争能力大幅度下降的现实，选择了仓储式模式，通过价格策略打造企业核心竞争力。仓储式模式与直供模式的相同点都是将商品直接配送给消费者，但两者最大的不同是，直供模式下企业没有自己的店铺，通过第三方平台完成产品销售，企业为第三方销售平台供货。而在仓储式模式下，生产商拥有自己的店铺或销售平台，可以直接将产品销售给消费者。

5. 专卖式模式

随着国内市场的渠道终端资源越来越稀缺，越来越多的企业选择专卖式模式。选择专卖式模式的企业需要具备以下 3 种资源中的任意 1 种或 3 种都具备。

第 1 种资源是品牌，选择专卖式模式的企业一般具备很好的品牌基础，市场认知度高，受到消费者的追捧；第 2 种资源是产品线比较齐全，由于只专卖一个品牌，因此其丰富的产品线必不可少；第 3 种资源是成熟的市场环境，例如，在广大的农村市场，可能专卖式模式很难建立起来。

专卖式模式与仓储式模式完全不同，仓储式模式是以低价策略为商业模式的核心，而专卖式模式则是以品牌与高端形象为核心。

6. 复合式模式

由于国内的市场环境非常复杂，很多企业选择同时运用多种模式。复合式模式是基于企业不同发展阶段而作出的策略性选择。但是，无论面对多么复杂的市场环境，企业都应该有一个主流的商业模式，而不能将商业模式复杂化作为朝令夕改的借口，使得企业经营在商业模式上出现“摇摆不定”的情况。并且，如果企业选择复合式模式，往往还需要在组织建构、人力资源配备、物流系统、营销策略上都作出相应的调整。否则，就不能认为这个企业已经建立起了成熟的商业模式。

（二）互联网经济时代下的商业模式

随着社会的进步，传统商业模式正在向改善供给端能力、重新定义需求、优化流转效率、商品虚拟化 4 个方面进行演化。逐步衍生出非绑定式商业模式、长尾式商业模式、多边平台式商业模式，免费式商业模式和开放式商业模式等。

1. 非绑定式商业模式

采用非绑定式商业模式的企业存在 3 种不同的基本业务类型，包括客户关系型业务、产品创新型业务和基础设施型业务。每种类型的业务都包含着不同的经济驱动因素、竞争驱动因素和文化驱动因素。

对企业来讲，应该专注于这 3 种业务类型之一。如果企业有了多种类型的业务，也应该做到彼此分离，以避免不同业务类型之间的冲突和不利影响。这种基础业务类型之间的“分离性”即“非绑定式”。

2. 长尾式商业模式

采用长尾式商业模式的企业专注于为利基市场提供产品，尽管其每种产品的销量很少，但利润率和客户忠诚度很高。“长尾”这一概念是由克里斯·安德森提出的，最开始是用来描述诸如亚马逊公司这类网站的商业模式。具体而言，就是指那些原来不受到重视的销量小但种类多的产品或服务，由于总量巨大，累积起来的总收益超过主流产品的现象。在互联网领域，长尾效应尤为显著。

3. 多边平台式商业模式

多边平台式商业模式就是建立一个平台，将两个或者更多具有明显区别但又相互依赖的客户群体集合到一起，同时为各类客户群体提供不同价值并获得收入。运用该模式的企业希望自己能成为产业链的主导，如腾讯、京东、阿里巴巴等企业。

4. 免费式商业模式

免费式商业模式是指企业至少使一类庞大的客户群体可以享受持续的免费服务。免费式商业模式包含以下 3 种类型。

（1）基于多边平台的免费服务。企业通过搭建网络，提供优质的、免费的内容、产品或服务，以此来吸引用户。在聚集大量用户的基础上，通过销售广告位来产生收入。典型的例子为多家门户网站等。

（2）基础服务免费，增值服务收费。大量基础用户受益于没有任何附加条件的免费商品或服务，只有不超过 10% 的用户会购买收费的增值服务。企业平台用付费用户群体所支付的费用来补贴免费用户。典型的例子为网络游戏。

（3）“诱钓”模式。通过廉价的、有吸引力的甚至是免费的初始产品或服务，来促进相关产品或服务的重复购买。典型的例子为视频网站。

5. 开放式商业模式

采用开放式商业模式的企业会通过与外部伙伴进行系统性的合作，来创造和捕捉自己的价值主张。这种开放式可以是由外到内的，也可以是由内到外的。企业既可以将外部的创意引入企业内部，也可以将企业内部闲置的创意和资产提供给外部伙伴。

（三）其他模式

1. “饵与钩”模式

“饵与钩”模式被称为“剃刀与刀片”模式或搭售模式。这一模式出现在 20 世纪早期。在这种模式下，基本产品的出售价格极低，通常处于亏损状态；而与之相关的消耗品或是服务的价格则十分昂贵。例如，剃须刀和刀片，商家出售剃须刀的价格很低，但是刀片的价格却相对较高，这就是“饵与钩”模式的典型案例。

2. “硬件 + 软件”模式

苹果公司之所以发展到今天的地位，正是将硬件制造和软件开发进行结合，以优质软件的开发，增加用户对硬件的黏性。诚然，苹果公司的主要销售收入来源是硬件产品销售收入，然而卖硬件永远是商业模式中最低端的一种，硬件只能卖一次，内容和服务却可以销售无数次。正是因为发现这个关键点，苹果公司才凭借“不卖硬件卖服务”取得了成功。苹果不断推陈出新，积极进军移动通信产业，iPhone 手机的出现打破了整个智能手机行业的原有格局，苹果公司用自己的方式重新诠释了智能手机。

第二节　大学生创业商业计划书

一、商业计划书概述

商业计划书又称创业计划书，是指创业者就某一具有市场前景的新产品或服务向风险投资者游说，以取得风险投资的商业可行性报告。商业计划书是创业者敲开投资者大门的“敲门砖”，是创业者计划创立的业务的书面摘要。因此，大学生在创业时有必要掌握制作商业计划书的各项要点。

（一）商业计划书的内容

商业计划书的内容一般围绕战略计划、营销计划、组织与管理计划、财务计划等方面展开论述。

1. 战略计划

战略计划是与企业创建有关的各项事宜的总体安排，包括：企业概述，即企业成立时间、形式与创业者，创业团队简介，企业发展概述；企业目标，即企业奋斗的方向和所要实现的理想；产品或服务介绍，主要指产业环境发展，产品或服务的开发过程以及产品或服务的特性、优势、不足等方面的阐述；进度安排，包括收入、市场份额、产品开发介绍、合作伙伴、融资计划等领域的重要事件。

2. 营销计划

营销计划主要包括市场分析、运营计划和销售计划三部分。

市场分析主要描述过去、现在和未来的市场需求，分析市场潜力，预测市场价格发展趋势，列举市场主要竞争者的优势，明确竞争策略。

运营计划提供有关产品生产和服务开发方面的信息，具体包括厂房设计、原材料需求、设备规格、生产方法、制造流程、产品包装、成本预算、生产计划、融资计划、投资者渴望获得的投资回报等方面的内容。

销售计划主要说明未来的销售策略（销售方法、促销手段、定价策略）、宣传计划与成本预算。

3. 组织与管理计划

组织与管理计划包括企业的组织结构以及可能的变动，营销团队与管理团队的基本资料、专长和工作理念，企业薪资结构，人才需求计划和培训计划等。这部分即企业的组织结构及其关键人物背景资料的说明。

4. 财务计划

财务计划主要包括企业过去的财务状况、融资计划、融资后财务预算与评估及未来 5 年的损益平衡分析。其中，过去的财务状况主要指资产负债表和损益表，融资计划主要指融资用途、时机与金额。

鉴于商业计划书在创业过程中的战略性地位，创业者在制订计划时应当从上述几个方面入手，充实内容，力争详备，有理有据。但有两点需要注意，一是要重点突出，详略有度；二是要体现特色，彰显风格。

（二）商业计划书的作用

具体来讲，商业计划书主要具有以下作用。

一是商业计划书是创业者把握企业发展的总纲领。创业者通过制作商业计划书，能够明确创业方向、厘清创业思路。

二是商业计划书是创业团队及合作者共同奋斗的动力和期望。商业计划书是创业者对理想的现实阐述，是连接理想与现实的桥梁。创业企业的预期目标、战略、进度安排、团队管理等方面都是创业者理想的具体化图景，是创业团队奋斗的动力。

三是商业计划书是投资者决定是否投资的重要参考。从融资角度看，商业计划书通常被喻为“敲门砖”。在一份详细完备的商业计划书中，往往包含了投资者所需要的信息，这是他们衡量创业企业实力和潜力的依据，并以此作为是否对创业企业进行投资的重要参考。

四是商业计划书为企业经营活动提供依据与支撑。商业计划书是为企业发展所做的规划，企业的创立与成长需要由商业计划书引领。

二、商业计划书的基本结构

一份完整的商业计划书由封面、目录、正文和附录4部分组成。

（一）封面

封面也称标题页，可以放一张企业的产品彩图或企业商标，但需留出足够的版面排列以下内容：商业计划书编号、标题、企业名称、项目名称、联系人及联系方式、企业地址、日期等。其中，标题明确了创业项目的名称，体现了创业企业的经营范围。标题一般在封面以醒目的字体标示出来，如“××商业计划书”。

（二）目录

目录是正文的索引，需要按照章节顺序逐一排列每章大标题、每节小标题，以及标明各章节对应的页码。初步写完商业计划书后，要注意确认目录页码与内容的一致性。

（三）正文

正文是商业计划书的主要内容，包括摘要、主体和结论3大部分。

1. 摘要

摘要是企业的基本情况、竞争能力、市场地位、营销战略、管理策略，以及创业项目的投资前景及风险预测等方面的综合概述。摘要是对整个商业计划书作出的精华式的总结，所以通常在计划书的主体完成后编写。

2. 主体

主体是对摘要的具体展开。为了让读者一目了然，一般采取章节式、标题式的方式逐一描述。主体的内容具体包括企业介绍、市场分析、产品（服务）介绍、组织结构介绍、前景预测、营销策略描述、生产计划展示、财务规划和风险分析等。

3. 结论

结论是整个商业计划书内容的总结式概括。它和摘要首尾呼应，体现了文本的完整性。

（四）附录

附录是对主体部分的补充。受篇幅限制，不宜在主体部分过多描述的，不能在一个层面详细展示的，或需要提供参考资料、数据的内容，一般放在附录部分，以供参考。

三、商业计划书的撰写

（一）封面设计

封面是商业计划书的脸面，如同毕业生的求职简历，它将率先呈现在读者面前，因此一定要有独特的风格。商业计划书的封面重在设计，要求设计者有一定的审美能力和艺术天赋。封面的设计风格一般以简约、明确为主，忌晦涩、怪异。

（二）企业介绍

企业介绍如同自我介绍，目的就是让投资者认识创业者。企业介绍中会涉及企业的基本概况（名称、组织形式、注册地址、联系方式等）、发展历史与现状、所提供的产品或服务、未来的发展规划和目标等。其中，企业目标是企业要达到的效果，是企业发展的动力，在商业计划书中是亮点所在，因此必须下功夫写好。

（三）市场分析

市场分析在整个商业计划书中起着举足轻重的作用，主要包括目标市场分析、行业分析、竞争对手分析等内容。

1. 目标市场分析

目标市场由著名的市场营销学者杰罗姆·麦卡锡提出。他认为，应当按消费者的特征把整个潜在市场分成若干部分，根据产品本身的特性选定其中部分消费者作为一个特定的群体，这一群体被称为目标市场。对目标市场的分析，应从以下几个方面入手。

（1）你的细分市场是什么？

（2）你所拥有的市场有多大？

（3）你的市场份额是多少？

（4）你的目标顾客群是哪些或哪类人？

（5）你的5年生产计划、收入和利润是多少？

（6）你的营销策略是什么？

在对目标市场的分析中，创业者需要阐明这样的观点：企业处在一个足够大、发展前景非常广阔的市场中，并有足够的能力应对来自各方面的竞争。

2. 行业分析

这里的行业是指企业要进入的市场。在商业计划书中，创业者要分析所要进入行业的市场全貌及关键性的影响因素。行业分析需要从以下几个方面来进行。

（1）该行业现状：处于萌芽期还是成熟期？发展到了何种程度？总销售额是多少？总收益如何？

（2）该行业的发展趋势：未来走向如何？

（3）该行业的影响因素：国家的政策导向、社会文化环境、竞争者的现状、行业壁垒等。

（4）该行业市场上的所有经济主体概况：竞争者、消费者、供应商、销售渠道等。

3. 竞争对手分析

竞争对手是这样一类企业：它们在市场上和创业者的企业提供着相同或类似的产品和服务，并且在配置和使用市场资源的过程中与创业者的企业具有一定的竞争关系。如何打败竞争对手，如何在竞争中胜出是每个创业者都需要考虑的问题。进行竞争对手分析时，应该从以下几个方面入手。

（1）你的竞争对手有哪些？你的主要竞争对手有哪些？你最大的竞争对手是谁？

（2）你的竞争对手的优势在哪里？有什么新动向？

（3）竞争中你具备哪些优势和劣势？优势如何发挥，劣势如何消除？

（4）你能否承受竞争所带来的压力？

（5）你将采取什么策略战胜竞争对手？

（四）产品或服务介绍

在进行投资项目评估时，投资人最关心的问题之一就是企业的产品（服务）能在多大程度上解决现实生活中的问题，或者企业的产品（服务）能否帮助顾客节约开支、增加收入。因此，产品（服务）介绍是商业计划书中必不可少的一项内容。

产品介绍包括产品的名称、特性、市场竞争力、研发过程、品牌、专利、市场前景等。在产品（服务）介绍部分，通常要回答以下问题。

（1）顾客希望从企业的产品或服务中得到什么？

（2）与竞争对手相比，企业提供的产品或服务有哪些优势与劣势？企业采取何种办法取长补短？

（3）企业拥有哪些专利与许可？企业为自己的产品（服务）采取了哪些保护措施？

（4）企业对新产品或服务有何规划？

（5）企业的产品或服务的定价为何能给企业带来长效收益？

（6）该产品或服务如何拥有稳定的顾客群体？顾客群体一旦缺失，企业该如何应对？

需要注意的是，对产品（或服务）的介绍一定要实事求是，不能夸夸其谈。

（五）人员及组织结构说明

企业管理的好坏直接决定了企业经营风险的大小，而高素质的管理人员和良好的组织结构则是管理好企业的重要保证。因此，风险投资者会特别注重对企业管理人员及组织结构的评估。

1. 主要管理人员介绍

具体来讲，主要管理人员介绍包括个人基本信息（姓名、年龄、政治面貌等）、工作履历、受教育程度、主要经历、道德素养和综合素质。

2. 组织结构介绍

组织结构即企业管理架构。组织结构的关键是分工明确，各司其职。此部分内容具体包括：企业的组织结构图；各部门的功能与责任；各部门的负责人及主要成员；企业的报酬体系；企业的股东名单，包括认股权、比例和对应权限；企业的董事会成员；各位董事的背景资料等。

（六）市场预测

市场预测就是运用科学的方法，对影响市场供求变化的诸多因素进行调查研究，分析和预见其发展趋势，掌握市场供求变化的规律，为经营决策提供可靠的基础。在商业计划书中，市场预测应包括市场现状综述、市场需求预测、竞争厂商概况、目标顾客和目标市场、本企业产品的市场地位等。

创业者对市场的预测应建立在严密、科学的市场调查基础上。创业者应尽量扩大收集信息的范围，重视对环境的预测并采用科学的预测手段和方法。创业者应牢记的是，市场预测不是凭空想象，对市场错误的认识是企业经营失败的最主要原因之一。

（七）营销策略叙述

营销是企业经营中最富挑战性的环节，影响营销策略的主要因素有消费者的特点、产品的特性、企业自身的状况、市场环境等，而最终影响营销策略的则是营销成本和营销效益。在商业计划书中，营销策略应包括市场机构和营销渠道的选择、营销队伍建设和管理、促销计划和广告策略、价格决策等。

对于处于不同发展阶段的企业来说，其营销策略是不同的。对于创业企业来说，由于产品和企业的知名度低，很难进入其他企业已经稳定的销售渠道中去。因此，企业不得不暂时采取高成本、低效益的营销策略，如上门推销、大规模投放广告、向批发商和零售商让利，或交给任何愿意经销的企业销售等。

（八）生产计划说明

生产计划作为商业计划书的重要组成部分，其作用在于使投资者了解企业的研究进度和所需资金。具体来说，商业计划书中的生产计划应包括以下内容：厂房基本情况，包括地址、基础设施和基本配置情况；产品制造和技术设备现状；生产流程及关键环节介绍；新产品投产计划；生产经营成本分析；质量控制和改进计划及能力。

（九）财务规划描述

一份好的财务规划可以帮助企业降低经营风险，增加企业的评估价值，提高企业获取资金的可能性。财务规划一般包括以下内容。

1. 历史经营状况数据

这里针对的是既有企业，初创企业不会涉及此类问题。创业者应提供过去 3 年的现金流量表、资产负债表和损益表。

2. 未来财务整体规划

未来的财务规划是建立在生产计划和营销计划基础之上的。有理有据，有适当的假设是做好财务规划的前提。创业者要做的工作是论述未来 3 ~ 5 年内的生产运营费用和收入状况，将具体财务状况以财务报表的形式展示出来。

要写好财务规划，创业者必须回答以下问题：①单件产品的生产成本是多少？利润是多少？②产品定价是多少？在固定时间段内产品的销售量有多少？③雇用哪些人生产、加工、销售产品？工资预算是多少？

（十）风险分析

没有风险分析的商业计划书是不完整的，因为创业本身就带有一定的冒险性，创业过程中的风险也通常会让人始料不及。风险分析不仅能减少投资者的疑虑，让他们对企业有全方位的了解，更能体现管理团队对市场的洞察力和解决问题的能力。在这一部分，创业者可以从以下几个方面进行阐述。

1. 市场风险

市场风险包括生产中可能遇到的问题、销售者未知的因素、竞争中难以预料的方面、顾客的不同需求与反馈等。

2. 技术风险

技术风险主要是技术研发中的困境，如技术力量不够强大、研发不到位、员工熟练程度不高、员工经验不足、研发资金短缺等。

3. 资金风险

创业者需要阐明可能出现的资金周转不畅和资金断流等问题，也要讲明万一企业遭遇清算的后果及遭遇清算后有无偿还资金的能力。

4. 管理风险

创业者要实事求是，不能刻意隐瞒管理方面的缺陷和漏洞，而要如实反映情况，诸如人手不足、经验欠缺、资源匮乏等。

5. 其他风险

企业的其他风险有很多，如政策的不确定性、经营中的突发状况、财务上的不确定因素等，都可以归入其他风险。

创业者的任务是，在对市场、技术、资金、管理等各方面风险进行分析之后，将这些风险及相应的解决方案用清晰的文字在商业计划书中反映出来。风险并不可怕，可怕的是没有应对风险的能力与对策。主动识别和讨论风险会极大地增加企业的信誉，使投资者更有信心。

四、商业计划书的检查

由于商业计划书要准确回答投资者的疑问，争取投资者对创业企业的信心，因此，在商业计划书编写完成后，可以从以下几个方面对商业计划书进行检查。

（1）是否逻辑清晰、论据充分，表达是否通俗易懂，语法是否正确，用词是否恰当。

（2）是否备有索引和目录，以便投资者可以较容易地查阅各个章节。

（3）是否编写了摘要并放在了最前面。如果已编写，检查摘要是否写得简明扼要、引人入胜。

（4）是否显示出创业者具有管理企业的经验，如果没有，一定要明确地说明已经找了一位经营大师来管理企业。

（5）是否显示了创业者有能力偿还借款，从而增强投资者的信心。

（6）是否显示出创业者已进行过完整的市场分析，要让投资者坚信创业者在商业计划书中阐明的产品需求量是真实的。

（7）能否打消投资者对产品或服务的疑虑。如果需要，可以准备一件产品模型。

五、商业计划项目路演

商业计划项目路演就是创业者在讲台上向台下众多的投资者讲解自己企业的产品、发展规划、融资计划等，即通过演讲的形式向投资者介绍自己的创业计划，以获得投资。

（一）项目路演 PPT 制作

制作项目路演 PPT 最重要的原则是“长话短说，深入浅出”，整体风格要简洁大方，内容逻辑要清晰，页数不要过多。具体来说，项目路演 PPT 应该包括以下内容。

1. 问题或痛点

这是创业者项目路演 PPT 中最重要的内容之一，创业者要尽可能简洁地说明以下问题：①问题或痛点是什么；②怎么知道这是一个问题或痛点，是否有一手或者二手的研究数据来支持这个问题或痛点；③要为谁解决这个问题或痛点。

2. 解决方案

现在创业者已经告诉投资者有一个重要的问题需要解决，并且也已经通过研究得到验证，这时创业者就可以开始讲述如何解决这个问题了。创业者要尽可能简洁地说明以下问题：①人们现在正在使用的其他解决方案是什么，为什么这些解决方案都没有真正解决问题；②本企业的解决方案是什么；③本企业的解决方案为什么比其他解决方案更好，最终能带来的好处是什么；④本企业的解决方案有什么专利或者独特之处。

3. 数据验证

解决方案讲完后，大多数投资者都想看到解决方案的数据验证。创业者要尽可能简洁地说明以下问题：①有多少付费客户或用户；②每月/每年有多少收入；③每月收入的增长是多少；④是否已实现盈利；⑤是否有重要的合作伙伴；⑥是否有来自客户的嘉奖。

4. 产品

给投资者进行快速的产品演示，在不透露过多细节的同时向他们解释产品是如何工作的，尽量用简洁的语言来解释并放上几张产品图片。创业者要尽可能简洁地说明以下问题：①产品是如何工作的；②产品如何为客户带来价值。

5. 市场分析

如果创业者的市场细分很精确，谈一谈如何可以成为“小池塘”里的“大鱼”。创业者要尽可能简洁地说明以下问题：①理想用户有哪些；②谁是早期使用者；③客户的生命周期价值和获得成本是多少；④客户流失率是多少。

6. 竞争分析

在这一部分，创业者可以展示自己在适应市场和获得市场份额上的信心，同时展示当前的客户满意度和忠诚度。创业者要尽可能简洁地说明以下问题：①市场定位是什么；②如何防止竞争对手夺走市场份额；③如何变得比竞争对手更优秀。

7. 商业模式

展示商业模式的工作原理，以及它如何通过早期试用者得到了验证。创业者要尽可能简洁地说明以下问题：①如何赚钱；②商业模式如何通过实验或案例研究得到了验证。

8. 市场推广策略

确定目标市场和商业模式之后，应让投资者知道创业者将如何获得这个市场。创业者的市场推广策略应该已经在小范围内得到了验证，并且已经确定了最有效的客户获取渠道。创业者要尽可能简洁地说明以下问题：①如何让产品出现在客户面前；②基于当前的资源，将关注哪些渠道，通过哪些方法来验证这些是最有效的渠道；③最有竞争力的分销策略是什么。

9. 融资需求和财务数据

这一部分主要说明，为了支持创业者刚才所描绘的美好蓝图，需要花多少钱。创业者的整个演讲都是为了这一时刻。在此之前，投资者可能已经意识到创业者的企业是一个好的投资机会。此时，他们便想要知道需要多少资金来实现这一机会。创业者要尽可能简洁地说明以下问题：①需要多少资金来进一步验证这个商业模式；②现有的资金还能花多久，还需要多少资金；③将如何分配资金；④获客成本是多少，有多大的信心能够将其保持在一定范围内。

10. 团队

介绍创业团队各成员的职务和履历。创业者要向投资者解释为什么这个团队是开展该项目的最佳选择。创业者要尽可能简洁地说明以下问题：①团队里有哪些人，他们有什么相关技能和经验；②如何认识联合创始人，过去一起做过哪些可以表明大家能顺利工作的事情；③有哪些顾问，他们的经验与正在解决的问题有什么关系。

11. 愿景

愿景应该在PPT中作为重要的宣传标语，或者在PPT最后提醒投资者为什么他们应该关心创业者的项目。创业者要尽可能简洁地说明以下问题：①愿景是什么；

②是什么激励着实现这个愿景。

（二）项目路演技能提升

项目路演技能提升主要包含以下几个方面。

1. 事前多练习，做到对路演内容烂熟于心

通常人们在表达时出现紧张、拘束、头脑发蒙等状况，多数是平时经历太少、准备不足。试想，如果讲一件自己最熟悉的事情或者是跟朋友聊天，绝对不会是如此表现，只要对自己接下来要表达的内容有足够的自信，这些状况自然会克服。

2. 抓住项目核心，始终围绕中心思想进行描述

路演过程中思路要清晰，目的是描述项目核心。因此，路演的内容要围绕这点展开，避免讲废话、套话。类似于“请大家多多关照”“我们的产品是最棒的”之类的话应尽量减少，进而在规定的时间内提升传播效率。

3. 路演更多是“演”，展示个人魅力

路演的重点在于向观众展示自己和项目，能够让观众对“人”和“事”都铭记于心，这也是路演成功的一部分。充分展示团队、展示个人魅力是路演带给观众的最大享受。

4. 加强对自身项目的思考，学会应对质疑

由于项目都会遭到质疑，因此团队不必要为遭到质疑而忧虑。相反，不同的意见和建议会帮助团队更好地审视项目，完善自身。对于外界的质疑要勇敢面对，应基于对自身项目的深刻思考自如地应答，若确有回答不了的问题或者考虑不周的地方要勇于承认，并虚心接受，以待日后考证完善。

（三）项目路演的注意事项

1. 切忌对目标市场没有了解

前期准备要非常充分，首先要非常了解创业项目和目标市场。很多创业者的路演中没有表现出任何调研过市场的痕迹，要么调研样本太少，要么根本没有。同样，对目标用户的喜好也知之不详，甚至没有目标用户定位，这些都是准备不充分的表现。

2. 切忌空谈市场，却不聊创业项目如何切入市场

路演过程中经常会只听见创业者不断说着庞大的市场，但自己的项目似乎与之无关，或者说表现得无关。虽然创业项目与这个市场有着千丝万缕的关系，创业者却没有将自己项目的优势和目标市场联系起来，整场路演下来，似乎是一座空中花园。投资者觉得无法通过创业者的项目来到达那座空中花园，投资意向很可能

流产。

3. 切忌投身红海

准确来说，这不属于路演范畴，而是创业团队在一开始就选错了方向。投身红海的项目将面临激烈的竞争，投资者对此一般是慎之又慎的。

4. 切忌不知所云

切忌 PPT 上全是文字，演讲时口若悬河，不分重点详略地大说一通。虽然在专业领域，也许创业者所说的东西很有价值，但如果创业者不具备将其提炼并表达出来的能力，只能说明创业者对项目不够熟悉，无法知晓自己的核心卖点，自然也就打动不了投资者。

第八章 “互联网+”背景下的大学生创业研究

第一节 “互联网+”背景下的大学生创业方向

“互联网+”背景下的大学生创新创业教育已经成为我国高等教育改革的一个重要策略。面对“互联网+”的浪潮，大学生凭借着活跃的思维成为时代的弄潮儿。

“互联网+”在近年来表现出巨大的生命力，以移动互联网、物联网、云计算、大数据、人工智能等为代表的新一代信息技术与制造、农业、服务、能源、医疗、教育等领域融合创新，发展新兴业态，打造特色产业，并以此衍生出很多就业和创业机会。例如，网店、微店等新兴业态是以互联网为依托的创新平台，打破了传统行业局限，给大学生提供了较好的就业形式和创业途径，缓解大学生的就业压力，实现大学生的自我发展需要。

一、“互联网+”概述

（一）“互联网+”的概念

“互联网+”是指在创新2.0（信息时代、知识社会的创新形态）的推动下由互联网发展的新业态。“互联网+”能够充分发挥互联网在社会资源配置中的优化和集成作用，推动经济形态不断地发生演变，从而带动社会经济的发展。

《关于积极推进“互联网+”行动的指导意见》（以下简称《指导意见》）中指出：“‘互联网+’是把互联网的创新成果与经济社会各领域深度融合，推动技术进步、效率提升和组织变革，提升实体经济创新力和生产力，形成更广泛的以互联网为基础设施和创新要素的经济社会发展新形态。”总之，“互联网+”就是“互联网+各个传统行业”，但不仅仅是两者相加，而是创造更多可能。

（二）“互联网+”的特征

“互联网+”的主要特征有跨界融合、创新驱动、重塑结构、尊重人性、开放生态、连接一切。

一是跨界融合。“互联网+”中的“+”意在跨行跨界、重塑融合，重点是与传统行业的融合创新，形成新的经济发展态势。

二是创新驱动。我国正处于向创新驱动发展转型的关键时期，国内最早的粗放型资源驱动方式已经不能够继续，需要转变到创新驱动方式才能发展，这就需要利用互联网思维改变现状，依靠跨行跨界融合创新来达到目的。

三是重塑结构。互联网改变了关系结构、社会结构、经济结构、文化结构等，使人类社会变得多元化、个性化。例如，消费者、合作伙伴、股东等关系结构在一定条件下可以自由切换。

四是尊重人性。人类社会的一切都是人性的折射，尊重人性是互联网最本质的文化。小到一次互动，大到一个平台，都要基于人性思考、开发、设计、运营、创新和改进。

五是开放生态。“互联网+”是跨界融合，以此优化生态，形成开放性的格局。

六是连接一切。跨界、融合、创新都需要连接，连接一切是“互联网+”的目标，将实体、个人、设备等基本要素连接，使各行各业在新的环境中实现重生。

（三）“互联网+”的创业发展趋势

互联网最初表现为社交工具，人们可以通过互联网登录论坛、聊天软件进行交流。随后发展成为交易平台，人们可以通过平台进行收付款，使互联网被赋予新的历史使命。而现在，在“互联网+”的驱使下，开启了电信服务、社交娱乐、新闻资讯、电子商务、互联网金融、智能制造的产业互联网时代，形成新的创业发展趋势。“互联网+”的创业发展趋势，具体表现在以下几个方面。

一是“互联网+”有利于传统产业改造，通过利用物联网和大数据，实现传统产业的结构调整与转型升级。

二是“互联网+”有利于催生新兴产业和业态，培育新的经济增长点，打造稳定中国经济增长的“新引擎”。

三是“互联网+”有利于促进产品生产、流通、消费等环节的变革，使产品及服务更加贴近用户。

四是“互联网＋”有利于促进商业模式的革新，通过平台模式的发展和平台效应的发挥，实现资源要素的跨界整合。

五是“互联网＋”有利于个人思维模式的变革，通过树立新的互联网思维理念，带动和推进社会更深层次的变革。

六是“互联网＋”有利于降低创业门槛和创业成本，扩大创业融资范围，促进创业浪潮发展，使我国迈向创业型经济。

二、“互联网＋”架构

（一）“互联网＋”思维

“互联网＋”突破传统思维模式，利用新思维建立了新的产业生态系统。那么，“互联网＋”的新思维包括哪些呢？

1. 开放思维

开放才有变革的可能，而开放思维是“互联网＋”的重要精神。《指导意见》中强调：“营造开放包容的发展环境，将互联网作为生产生活要素共享的重要平台，最大限度优化资源配置，加快形成以开放、共享为特征的经济社会运行新模式。”也就是说，把“互联网＋”的开放思维作为优化资源配置、构建开放式创新体系、驱动智慧生活的基础，实现以“互联网＋”的方式促进新业态、新模式的创新、培育和发展。

2. 跨界思维

《指导意见》中提出：“引导建立社会各界交流合作的平台，推动跨区域、跨领域的技术成果转移和协同创新。”而“互联网＋”思维首先是跨界思维，跨行跨界、融合协同，以探索新的连接方式、新的互动模式、新的价值创造途径。

3. 创新融合思维

《指导意见》中指出：“鼓励传统产业树立互联网思维，积极与‘互联网＋’相结合。推动互联网向经济社会各领域加速渗透，以融合促创新，最大程度汇聚各类市场要素的创新力量，推动融合性新兴产业成为经济发展新动力和新支柱。”充分说明，“互联网＋”可以与传统行业进行有效融合，实现创新。

4. 普惠思维

《指导意见》中指出：“从目标上让‘社会服务进一步便捷普惠’，从‘互联网＋普惠金融’行动上要‘促进互联网金融健康发展，全面提升互联网金融服务能力和普惠水平’以及‘拓宽普惠金融服务范围，为实体经济发展提供有效支撑’。”

因此，应充分发挥“互联网+”的普惠思维，让社会服务更加便捷。

5. 公平思维

首先是要建立科学有效的市场监督方式，防止形成行业垄断和市场壁垒，加大反垄断执法力度，严查信息领域垄断行为，营造互联网公平竞争环境；其次是社会服务资源配置要不断优化，让人们享受公平、高效、优质、便捷的服务；最后是通过“互联网+益民服务”缔造公平的教育环境。

（二）“互联网+”新一代通信技术

当前，以移动互联网、物联网、云计算、大数据及人工智能等为代表的新一代互联网通信技术不断取得突破和创新，催生新生产业快速发展，同时通过与传统产业的融合渗透，助推产业转型升级，给人们的生产、生活带来巨大的变革。

1. 移动互联网

随着宽带无线接入技术和移动终端技术的迅速发展，全球已经进入移动互联网阶段。

移动互联网（Mobile Internet，MI）是一种通过智能移动终端，采用移动无线通信方式获取业务和服务的新兴业态，包含终端、软件和应用3个层面。其中，终端层包括智能手机、平板电脑、电话手表等；软件层包括操作系统、中间件、数据库和安全软件等；应用层包括休闲娱乐类、工具媒体类、商务财经类等不同应用与服务。

移动互联网是移动通信网络与互联网的融合，用户是以移动终端接入无线移动通信网络的方式访问互联网的。同时，移动互联网还产生大量新应用，这些应用与终端的可移动、可定位和可随身携带等特性相结合，为用户提供个性化、位置相关的服务。

随着信息网络技术的迅猛发展和移动智能终端的广泛普及，移动互联网以其泛在、连接、智能和普惠等突出优势，推动了互联网和实体经济深度融合，成为创新发展新领域、公共服务新平台和信息分享新渠道。2017年1月，中共中央办公厅、国务院办公厅联合发布的《关于促进移动互联网健康有序发展的意见》指出：“推动移动互联网和农业、工业、服务业深度融合发展，积极扶持各类中小微企业发展移动互联网新技术、新应用、新业务，打造移动互联网协同创新平台和新型孵化器，发展众创、众包、众扶和众筹等新模式，拓展境内民间资本和风险资本融资渠道。”

2. 物联网

当前，信息与通信技术已经从实现人与人之间的沟通，扩展到实现人与物、物与物之间的连接，进入无所不在、连接万物的物联网通信时代。

物联网（Internet of Things，IoT）是指将各种网络信息传感设备，如射频识别、红外感应器、全球定位系统及激光扫描器等装置与互联网连接起来而形成的一个巨大的网络。其目的是让所有的物品都与网络连接在一起，系统可以自动地、实时地对物体进行识别、定位、追踪、监控并触发相应事件。物联网被称为继计算机、互联网之后世界信息产业发展的第3次浪潮。

我国已将物联网作为战略性新兴产业的一项重要组成内容。国务院印发的《关于推进物联网有序健康发展的指导意见》指出："物联网是新一代信息技术的高度集成和综合运用，具有渗透性强、带动作用大及综合效益好的特点；推进物联网的应用和发展，有利于促进生产生活和社会管理方式向智能化、精细化、网络化方向转变，对于提高国民经济和社会生活信息化水平，提升社会管理和公共服务水平，带动相关学科发展和技术创新能力增强，推动产业结构调整和发展方式转变具有重要意义。"

3. 云计算

近年来，电子商务、数字城市、网络社交及在线视频等新一代大规模互联网应用发展迅猛，导致数据存储业务增长迅速，催生了云计算。

云计算（Cloud Computing）是分布式计算、互联网技术及大规模资源管理等技术的融合与发展。美国国家标准与技术研究院研究表明，云计算是一种随时随地从可配置计算资源共享池中获取所需的快速供应及释放的资源（如网络、服务器、存储、应用等），来达到管理资源的工作量和服务商交互的最小化的一种商业模式。本质上，它将计算放在云端，通过互联网与输入或输出设备相连，是一种按需租用计算资源的模式。

云计算是推动信息技术能力实现按需供给、促进信息技术和数据资源充分利用的全新业态，是信息化发展的重大变革和必然趋势。国务院印发的《关于促进云计算创新发展培育信息产业新业态的意见》指出："发展云计算，有利于分享信息知识和创新资源，降低全社会创业成本，培育形成新业态和新消费热点，对稳增长、调结构、惠民生和建设创新国家具有重要意义。"

4. 大数据

近年来，随着移动互联网、物联网、云计算等信息与通信技术的迅猛发展，数据以前所未有的速度积累和增长，使大数据受到越来越多的关注。

大数据（Big Data）也称海量数据或巨量数据，是指数据量大到无法利用传统数据处理技术在合理的时间内获取、存储、管理和分析的数据集合。"大数据"一词除了用来描述信息时代产生的海量数据之外，也被用来命名与之相关的技术、创新与应用。

詹姆斯·麦肯锡认为，数据已经渗透到当今每一个行业和业务职能领域，成为重要的生产因素。人们对于大数据的挖掘和运用，预示着新一波生产力增长和消费者盈余浪潮的到来。由此得出，大数据正改变着人们的生活与工作方式、企业的运作模式。美国政府认为大数据是“未来的新石油”，一个国家拥有数据的规模和运用数据的能力将成为综合国力的重要组成部分，对数据的占有和控制将成为国家间和企业间竞争的新焦点。

国务院印发的《关于印发促进大数据发展行动纲要的通知》指出：“大数据是以容量大、类型多、存取速度快、应用价值高为主要特征的数据集合，正快速发展为数量巨大、来源分散、格式多样的数据进行采集、存储和关联分析，从中发现新知识、创造新价值、提升新能力的新一代信息技术和服务业态。”因此，大数据的特征可以总结为“5V”，即体量大（Volume）、速度快（Velocity）、模态多（Variety）、难辨识（Veracity）和价值大（Value）。

5. 人工智能

1950年，“人工智能之父”艾伦·图灵提出一个图灵测试的概念，测试某个系统是否具有人类的智能，需看系统能否“骗”过人类，如果人不能分辨其是系统还是人类，便认为其具备人类的智能。人工智能（Artificial Intelligence，AI）是研究、开发用于模拟、延伸和扩展人的智能的理论、方法、技术及应用系统的一门新的技术科学。

随着移动互联网、物联网、云计算和大数据等新一代信息技术同机器人技术相互融合的步伐加快，人工智能迅猛发展，在各个领域取得突破性成果，如军用无人机、自动驾驶汽车、家政服务机器人等。甚至在游戏、人脸识别、语音识别等领域人工智能已超过人类顶级专家水平。例如，2016年3月，阿尔法围棋（AlphaGo）在与世界围棋冠军、职业九段棋手李世石的围棋大战中，以4∶1的总比分获胜。

2015年政府工作报告中提出：“人工智能技术将为基于互联网和移动互联网等领域的创新应用提供核心基础。未来人工智能技术将进一步推动关联技术和新兴科技、新兴产业的深度融合，推动新一轮的信息技术革命，势必将成为我国经济结构转型升级的新支点。”

2016年5月，国家发展和改革委员会、科技部、工业和信息化部、中央网信办联合发布了《“互联网+”人工智能三年行动实施方案》，其中明确提出，到2018年，打造出人工智能基础资源与创新平台，并基本建立人工智能产业体系、创新服务体系等；在重点领域将培育若干全球领先的人工智能骨干企业，初步建成基础坚实、创新活跃、开放协作、绿色安全的人工智能产业生态，形成千亿级的人工智能市场应用规模。

第二节 “互联网+”背景下的大学生创业模式

一、“互联网+”背景下的典型商业模式

（一）“工具+社群+电商或微商”模式

“工具”在此处特指社交方面的范畴，也就是互联网中人与人交流沟通的手段，如微信；“社群”是基于共同需求、爱好建立的团体，强调关系属性；“电商或微商”是基于互联网进行交易活动和相关服务活动，是一种商业手段。三者结合既有分工协作，又可以取长补短。例如，工具能够准确地找到用户需求的最佳切入点，但是不能有效地沉淀用户，此时需借助社群这一关系属性，使目标用户定位更加精准，再通过电商或微商实现价值的有效传递。

（二）跨界商业模式

跨界商业模式是指通过“互联网+”实现多种变革，其创新基础是通过融合进行重塑。该模式是改变传统产业的重要商业模式之一，也是利用高效率产业整合低效率产业、实现传统产业核心要素的再分配、通过重构生产关系来提升整体系统效率。跨界可以减少中间环节、降低成本和耗损。例如，一个企业在跨界其他行业时，会将原来传统行业的利益分配模式打破后重新分配，也会将不同部门之间通过“互联网+”实现跨界融合，发挥不同群体之间的智慧。

（三）免费商业模式

免费商业模式是指将传统产业销售模式打破，企业发展由原来靠收费生存变为靠边际收益生存，将传统收费模式变为免费模式。免费商业模式包括直接交叉补贴、免费加收费、第三方市场、纯免费4种形式。在“互联网+”时代下，流量本身就是一种高价值的资源，通过免费的手段获得用户流量，再利用流量赚取其他业务的收益是常见操作。

（四）O2O商业模式

O2O（Online to Offline），狭义理解就是线上交易、线下体验消费的商务模式。这主要包括两种情况：一是线上到线下，用户在线上购买或预订服务，再到线下实体店享受服务，这种类型比较多；二是线下到线上，用户通过线下实体店体验并选好产品，然后通过线上下单来购买产品。广义的O2O是将互联网思维与传统产业相融合，并且未来发展将突破线上和线下的界限，实现线上线下、虚实之间的深度融合，其模式的核心是基于开放、公平等互联网思维，利用高效率、低成本的互联网信息技术，改造传统产业链中的低效率环节。

（五）长尾型商业模式

长尾型商业模式的核心是“多样少量”，需要企业能够保持低库存成本，以及具有强大的平台，使得利基产品对于兴趣买家来说容易获得，这种模式非常适合互联网时代。长尾型商业模式在前文有过详细介绍，此处不再赘述。

二、“互联网+”背景下的传统行业发展

（一）“互联网+”背景下的传统行业的机会

1. 信息透明

传统模式是在各种营销策略、产品包装、广告推广等信息不对等的基础上把东西卖给消费者。有了互联网后，消费者就有了主动权，一切信息不对等环节都逐渐被改变，各类产品参数、实时报价等鲜明特征都能浏览和比较，并以一个透明的形式呈现在消费者眼中，为其购买决策提供参考，避免了在信息不对等的情况下，仅凭借品牌表面属性进行产品选购。例如，部分比价网站汇聚了一些产品的价格、材质等相关信息，帮助消费者进行对比选择。

2. 用户体验

很多传统行业只重视交易获利，却忽略产品本身的用户体验。相对而言，互联网企业更重视用户体验，通过卓越的用户体验获得用户群，然后再通过其他增值服务获利。

3. 等质高价

对于那些虚拟化、数字化的互联网产品或服务来说，其研发成本是固定的、可分摊的。这类产品的成本很低，但是用户规模却很大。例如，滴滴打车、360杀毒软件等，都有成本低且延展性强的能力。

（二）“互联网 +”背景下的传统行业的转型

1. 转变传统传播

很多企业选择通过网络营销手段实现产品的展示和宣传。通过网络门户将产品呈现在用户面前，不仅能够突破受众数量、受众类型、所在地域等因素的局限，还能降低营销成本；通过搜索引擎推送产品，有效提高了广告投放的精确度，使得营销不再盲目；通过微博、微信等社交媒体展示产品，可以加深企业与用户的互动程度，使企业更加贴近用户。

2. 增加渠道营销

通过互联网可以实现产品的销售。在这种情况下，企业既要注重线下提升顾客的购物体验，打造绝佳的环境氛围，又要注重在线宣传促销，发挥互联网的营销作用。

3. 顺应互联网模式

在传统模式中，企业以厂商为中心，开展封闭的链式生产。现在，企业将生产面向客户和消费场景。例如，团购模式、定制化生产等。也就是说，让用户参与到企业各个生产环节，强调个性化营销、柔软化生产、社会化供应链。

4. 种植互联网基因

用互联网思维重新编排企业的构架，把组织、流程、经营理念全面互联网化，明确目标消费者、消费者需求和实现的途径，利用平台思维、大数据思维、跨界思维等重新制定企业发展战略。

三、“互联网 +”行动计划

2015 年 7 月，国务院印发的《关于积极推进“互联网 +”行动的指导意见》明确了 11 项重点行动：“互联网 +”创新创业、“互联网 +”协同制造、“互联网 +”现代农业、“互联网 +”智慧能源、“互联网 +”普惠金融、“互联网 +”益民服务、“互联网 +”高效物流、“互联网 +”电子商务、“互联网 +”便捷交通、“互联网 +”绿色生态和“互联网 +”人工智能。

（一）“互联网 +”创新创业

充分发挥互联网的创新驱动作用，以促进创新创业为重点，推动各类要素资源聚集、开放和共享，强化创新创业支撑、积极发展众创空间、发展开放式创新等，引导和推动全社会形成大众创业、万众创新的浓厚氛围，打造经济发展新引擎。

（二）“互联网+”协同制造

推动互联网与制造业融合，提升制造业数字化、网络化、智能化水平，加强产业链协作，发展基于互联网的协同制造新模式，包括大力发展智能制造、发展大规模个性化定制、提升网络化协同制造和加速制造业服务化转型等，打造一批网络化、协同制造公共服务平台，加快形成制造业网络化产业生态体系。

（三）“互联网+”现代农业

利用互联网提升农业生产和经营、发挥管理和服务水平，培育一批网络化、智能化、精细化的现代“种养加”生态农业新模式，形成示范带动效应，构建新型农业生产经营体系，培育多样化农业互联网管理服务模式，逐步建立农副产品、农资质量安全追溯体系，促进农业现代化水平明显提升。

（四）“互联网+”智慧能源

通过互联网促进能源系统扁平化，推进能源生产与消费模式变革，提高能源利用率，推动能源生产智能化；加强分布式能源网络建设，提高可再生能源占比，促进能源利用结构优化；加快发电设施、用电设施和电网智能化改造，提高电力系统的安全性、稳定性和可靠性。

（五）“互联网+”普惠金融

促进互联网金融健康发展，全面提升互联网金融服务能力和普惠水平，鼓励互联网与银行、证券、保险、基金的融合创新，为大众提供丰富、安全、便捷的金融产品和服务，更好地满足不同层次实体经济的投融资需求，培育一批具有行业影响力的互联网金融创新型企业。

（六）“互联网+”益民服务

充分发挥互联网的高效、便捷优势，提高资源利用效率，降低服务消费成本。大力发展以互联网为载体、线上线下互动的新兴消费，加快发展基于互联网的医疗、健康、养老、教育、旅游、社会保障等新兴服务，创新政府服务模式，提升政府科学决策能力和管理水平。

（七）“互联网+”高效物流

加快建设跨行业、跨区域的物流信息服务平台，提高物流供需信息对接和使用效率。鼓励大数据、云计算在物流领域的应用，建设智能仓储体系，优化物流运作流程，提升物流仓储的自动化、智能化水平和运转效率，降低物流成本。

（八）“互联网＋”电子商务

巩固和增强中国电子商务发展领先优势，大力发展农村电商、行业电商和跨境电商，进一步扩大电子商务发展空间。电子商务与其他产业的融合不断深化，网络化生产、流通、消费更加普及，标准规范、公共服务等支撑环境基本完善。

（九）“互联网＋”便捷交通

加快互联网与交通运输领域的深度融合，通过基础设施、运输工具、运行信息等互联网化，推进基于互联网平台的便捷化交通运输服务发展，显著提高交通运输资源利用效率和管理精细化水平，全面提升交通运输行业服务品质和科学治理能力。

（十）“互联网＋”绿色生态

推动互联网与生态文明建设深度融合，完善污染物监测及信息发布系统，形成覆盖主要生态要素的资源环境承载能力动态监测网络，实现生态环境数据互联互通和开放共享。充分发挥互联网在逆向物流回收体系中的平台作用，促进再生资源交易利用便捷化、互动化、透明化，促进生产生活方式绿色化。

（十一）“互联网＋”人工智能

依托互联网平台提供人工智能公共创新服务，加快人工智能核心技术突破，促进人工智能在智能家居、智能终端、智能汽车、机器人等领域的推广应用，培育若干引领全球人工智能发展的骨干企业和创新团队，形成创新活跃、开放合作、协同发展的产业生态。

四、“互联网＋”背景下大学生创业的不足

（一）创业目标定位模糊，创业成功率低

在创业时，很多大学生对自身的创业精神、创业意识和创新创业能力的培养不够重视，创业目标又模糊不清，导致创业的盲目性较大，其创业过程缺乏长远的发展规划。并且受视野、阅历、知识能力以及对市场的了解程度有限等因素的限制，他们虽有很高的创业热情，但其创业领域仍有较大的局限性。

此外，互联网作为现代商业必不可少的工具，很多大学生对其在各领域和各行业的应用还缺乏必要的认知和了解。在创业时，他们往往不能有效地发现和利用互联网抓住重要机会，这导致很多大学生在校期间不仅耽误了学业，而且创业的成功

率也比较低。

（二）高校创业教育、人才培养理念有待改进

教育部很早便对高校组织实施创业教育作出了相关部署和要求，教育部办公厅还印发了《普通本科学校创业教育教学基本要求（试行）》等文件。但能完全按照教育部要求面向全体学生开设创业基础知识课程的高校并不多，部分高校开展创业教育只是走走形式。此外，各高校在创业教育、大学生自主创业工作方面发展不均衡，学校领导可能对这一工作的认识也不能达成一致，从而无法充分调动学生参与创新创业的积极性，更无法激发学生的创业意识。

（三）创业教育师资不足，教育方法有待加强

我国高校开展和实施大学生创业教育工作起步较晚，在全面推进创业教育时面临着创业教育师资匮乏的困境，大学生自主创业工作处于“瓶颈”期。

当前，很多在高校承担创业教育教学任务的教师，多数是从事毕业生就业指导工作的专业课教师或辅导员，他们虽然掌握了丰富的理论知识，但是对校外企业的运作、发展、管理、经营，以及商机的发现和把握等都不太熟悉，缺少实践经验。并且，因教师自身素质和高校条件限制，创业教育更多以课堂教学为主，这远远满足不了大学生创业的实际需求。

五、“互联网+”背景下大学生创业的关键要素

（一）最佳切入点

创业的关键在于市场环境、消费需求、竞争对手及自身优势的全盘分析，并且从最佳切入点进入市场。对于绝大多数想创业却犹豫不决的人来说，找到市场的“最佳切入点”是首要解决的问题。作为一个打算进入某个行业的大学生创业者，应该从优异的能力、行业环境、互联网产业价值链等方面考虑，并且从共赢的角度将利益相关方连接在一起。

（二）关键资源能力

关键资源能力包括金融资源、实物资源、人力资源、信息、客户关系等。从考虑资金投入是靠团队拼凑还是银行借贷，到办公场地和环境的选择，从团队成员的分工和利益分配，再到对上游供货商、物流商、下游终端消费者等各方面的管理，都是保证创业构思和设计得以实施的关键因素。

（三）定位

定位的前提是要确定业务核心内容，对消费者提供哪些产品或服务，分析界定消费者、竞争者、合作伙伴及他们所拥有的资源或能力。同样的产品，如何发挥出价格和服务的优势，这些都是需要提前规划的。

（四）盈利模式

清晰的盈利模式非常重要，但也要注意避免盈利模式单一化、生硬化。从哪获取利益、如何分担投资或支付成本，都是要着重考虑的问题。例如，企业的盈利是靠网站上的广告？还是赚取交易差价？或者是收取会员费？

近年来，很多互联网企业被业内人士批评，指出其发展速度缓慢，其根源就是盈利模式不清晰。

（五）现金流

考虑现金流时，首先要考虑固定成本、推广成本，以及资金的投入时间、盈利时间、如何规避成长风险等。创业的终极目标是获得长期收益，而收益的好坏，直接表现就是现金流的状况。

六、“互联网＋”背景下大学生创业的发展对策

（一）整合资源，为大学生互联网创业提供平台

随着高校办学条件的不断改善，可利用的资源越来越多，如实验室、训练中心、计算机机房都可以作为大学生参与创业实践体验的平台。高校可以进一步整合现有的资源，让大学生进实验室、进项目、进课题，掌握和储备更多的知识。结合大学生创业实际体验，建立创业实践基地，引导大学生创业团队入驻，并有针对性地对门槛低和风险小的互联网创业项目进行扶持，为大学生开展互联网创业提供良好的环境保障，提高大学生创业能力，形成群体效应，资源共享。

（二）加强师资队伍，提升教师创业指导能力和水平

高校开展创业教育和大学生创业工作，除了需要建设一支专兼职相结合的创业教育教师队伍，在大学生中有针对性地开展创业基础知识教育之外，还要从各大企业聘请有一定创业经验和成就的成功人士，充实高校大学生自主创业指导的创业导师队伍，以提高大学生自主创业的成功率。鼓励创业教育教师到民营企业、中小企业挂职体验，开阔创业教育教师的视野，提升创业教育教师的创新创业指导能力和

水平。

（三）宣传校园互联网创业典型，营造良好氛围

在大学生中培育宣传创业精神和创业经历的典型，是对大学生投身创业的一种激励，使创业大学生对创业本身坚定信心和决心。让大学生发现更多的互联网创业机会，吸引更多的大学生参与到互联网创业中来。各高校可以通过校园网、两微一端、校园广播站等对互联网成功人士的创业事迹进行宣传，并邀请成功创业人士到校参加专题讲座和互联网创业沙龙等活动，组织大学生赴互联网创业基地参观、学习，为大学生树立互联网创业学习目标。

参考文献

[1] 刘庆远，陈运涛．商业模式实质与设计理念［J］．中国商贸，2010（3），232－233.

[2] 韦雪艳．影响大学生创业决策认同度与正确度的关键因素［J］．人类工效学，2012（3），27－30.

[3] 张端．“双创教育”视角下高校继续教育的改革路径［J］．继续教育研究，2017（12），12－14.

[4] 王焰新．高校创新创业教育的反思与模式构建［J］．中国大学教学，2015（4），4－7.

[5] 李儒寿．培养大学生创业能力探析［J］．襄樊学院学报，2006（6），95－97.

[6] 黄志广，刘效梅．试论创新型人才培养的模式和途径［J］．教育与现代化，2007（4），9－13.

[7] 王雅君．大学生创新创业能力培养的对策与建议［J］．江西电力职业技术学院学报，2016（2），29－31.

[8] 徐萍．个性品质塑造——大学生创新创业教育的关键［J］．当代教育论坛（宏观教育研究），2006（1），51－52.

[9] 姜玲玲．论大学生创造性思维的培养［J］．职业技术教育，2002（4），47－49.

[10] 徐晓兰．大力发展众创空间 积极推动大众创业万众创新成为新常态［J］．中国科技产业，2015（6），65.

[11] 李时椿．创业管理［M］．2 版．北京：清华大学出版社，2010.

[12] 郁义鸿，李志能，罗伯特·D. 希斯瑞克．创业学［M］．上海：复旦大学出版社，2000.

[13] 梅强．创业基础［M］．2 版．北京：清华大学出版社，2016.

[14] 张玉利，陈寒松，薛红志，等．创业管理［M］．4 版．北京：机械工业出版社，2017.

[15] 钟经文．迅速兴起大众创业万众创新热潮［N］．经济日报，2015－03－03.